ab und zu
vegan-4-you

Stufen

Wie jede Blüte welkt und jede Jugend
dem Alter weicht, blüht jede Lebensstufe,
blüht jede Weisheit auch und jede Tugend
zu ihrer Zeit und darf nicht ewig dauern.
Es muss das Herz bei jedem Lebensrufe
bereit zum Abschied sein und Neubeginne,
um sich in Tapferkeit und ohne Trauern
in andre, neue Bindungen zu geben.
Und jedem Anfang wohnt ein Zauber inne,
der uns beschützt und der uns hilft, zu leben.

Wir sollen heiter Raum um Raum durchschreiten,
an keinem wie an einer Heimat hängen,
der Weltgeist will nicht fesseln uns und engen,
er will uns Stuf' um Stufe heben, weiten.
Kaum sind wir heimisch einem Lebenskreise
und traulich eingewohnt, so droht Erschlaffen,
nur wer bereit zu Aufbruch ist und Reise,
mag lähmender Gewöhnung sich entraffen.

Es wird vielleicht auch noch die Todesstunde
uns neuen Räumen jung entgegen senden,
des Lebens Ruf an uns wird niemals enden ...
Wohlan denn, Herz, nimm Abschied und gesunde!

Hermann Hesse

Zuschriften, Verbesserungsvorschläge und Kritik
Ursel Kiefer
Wuhrstraße 11
79664 Wehr
Deutschland
info@vegan-4-you.com
www.vegan-4-you.com

1. Auflage 2014

Lektorat: Stefanie Busam Golay, Stilren, Schweden
Fotos, Herstellung und Satz: Ursel Kiefer
Druck: Strauss GmbH, Robert-Bosch-Strasse 6-8, 69509 Mörlenbach
Fotos vom Frosch und Fotos auf Seite 320 und 324: Fotolia

ISBN 978-3-00-045090-7
Die dargestellten Gerichte können auch einzeln auf Rezeptkarten unter www.vegan-4-you.com im Internet bestellt werden.

VRÖSCHE VERLAG

Inhalt

Rezepte

ab und zu
vegan-4-you

ab und zu

vegan-4-you

Einleitung

Warum ab und zu vegan-4-you?

Wie alles begann
2012 war ich im dritten Jahr meiner nebenberuflichen Weiterbildung zur Transaktionsanalytikerin. In einer Mittagspause erzählte unsere Ausbilderin von einem Buch, das sie gerade gelesen hatte: Die „China Study"[1].
Darin beschreibt der Biochemieprofessor T. Colin Campbell anhand wissenschaftlicher Argumente die Vorteile der veganen Ernährungsweise. Ich las dieses Buch wie einen Krimi, und als ich es zuschlug, startete ich mein veganes Experiment.
Ich war zu diesem Zeitpunkt 51 Jahre alt – hatte also fast fünf Jahrzehnte gerne und viel Fleisch konsumiert, Eier und Käse gegessen und meine Milch im Kaffee genossen.

Ich stellte meine Ernährung von einem Tag auf den anderen um, und wie viele andere Gesundheits- und Ernährungsinteressierte beschäftigte natürlich auch mich gleich zu Beginn die Frage: „Ja, was darf man denn dann überhaupt noch essen?"

Die vegane Küche wurde zu meinem Hobby, ich las viele Kochbücher und surfte intensiv im Internet. Ich experimentierte viel und hatte in meinem Lebensgefährten von Anfang an einen Testesser, der mich jeden Tag mit konstruktiver Kritik unterstützte. Mein neues Hobby wurde natürlich auch im Kreise meiner Freunde und Bekannten zum Thema. Ich bemerkte oft eine Scheu, sich darauf einzulassen. Für viele ist es einfach unvorstellbar, nie wieder ein Stück Fleisch oder Käse essen zu dürfen. Manchmal wurde ich ein wenig belächelt, und trotzdem bemerkte ich auch immer wieder eine versteckte Neugier.

---

[1] T. Colin Campbell: China Study – Die wissenschaftliche Begründung für eine vegane Ernährungsweise, Verlag Systemische Medizin, Juli 2011, ISBN 978-3-86401-001-9 (Neuauflage von Die China Study – und ihre verblüffenden Konsequenzen für die Lebensführung)

Ich selbst habe – besonders in den Sommermonaten – immer darauf gewartet, dass mich eine Heißhungerattacke auf meinen geliebten Wurstsalat mit Käse überwältigen würde. Ich hätte dieser Attacke auch nachgegeben – sie ist aber bis heute ausgeblieben.

Rückgang des Fleischkonsums
Der Fleischatlas[2], den die Umweltorganisation BUND, die Heinrich-Böll-Stiftung der Grünen und die Zeitschrift Le Monde Diplomatique Anfang 2014 präsentierten, weist einen Rückgang des Pro-Kopf-Fleischkonsums in Deutschland von 2011 auf 2012 um 3 kg aus. Im Schnitt isst jeder von uns 87 kg Fleisch und Fleischprodukte pro Jahr – 1990 waren es noch 102 kg. Eine Ursache für diesen Rückwärtstrend liegt wohl in der langen Reihe von Fleischskandalen – vom Gammelfleisch über Dioxin im Hühnerfutter bis zum Pferdefleisch, das als Rindfleisch verkauft wurde.

Vegan in aller Munde
Auffallend ist die veränderte Berichterstattung über die vegane Ernährungsweise in den Medien. Noch vor ein paar Jahren stand niemals auch nur ein Wort über vegane Ernährung in meiner Tageszeitung und auch in den anderen Medien tauchten kaum Berichte über diese Ernährungsweise auf. Das hat sich grundlegend geändert. In Zeitungen und Fernsehsendungen sowie im Internet wird der Veganismus heiß und kontrovers diskutiert.

Die Zeit ist reif für ein evolutionäres Umdenken
Wenn ich Veganerin bin, darf ich dann noch Honig essen? Und wie sieht es mit meiner schicken Lederhandtasche und meinen teuren Lederschuhen aus? Darf ich die Ledersitze in meinem Auto noch genießen? Ich denke, dass das jeder für sich selbst entscheiden soll, und ich glaube auch, dass man mit Schwarzweißdenken hier nicht weiterkommt.

Ich möchte lieber zur Diskussion stellen, was passieren würde, wenn sich der Pro-Kopf-Verbrauch von 87 kg Fleisch auf 50 kg oder auf noch weniger reduzieren würde. Und wenn die Menschen auch Fisch, Käse und Milch bewusster einkaufen,

---

[2] Fleischatlas 2014 – Daten und Fakten über Tiere als Nahrungsmittel. www.bund.net/fleischatlas

sich vielleicht nur noch jeden zweiten Sonntag ein Ei genehmigen und so den jährlichen Pro-Kopf-Verbrauch von 217 Eiern halbieren würden?

Wieso, weshalb, warum?
Wenn mich mein Sohn besuchen kommt, bin ich oft froh, dass er bereits erwachsen ist. Ich bin erleichtert, dass ich kein kleines Kind mehr habe, dem ich die heutige Welt erklären muss. Schütteln Sie nicht auch ab und zu den Kopf über die politischen Zustände, die Kriege, die Hungersnöte oder die Flüchtlingssituation an den europäischen Grenzen?
Wenn ich diese Themen mit anderen diskutiere, höre ich oft Resignation und Stimmen, die sagen: „Als Einzelner kann ich doch am System gar nichts ändern." Das sehe ich etwas anders!
Wir alle haben auch im Kleinen Einflussmöglichkeiten. Wenn wir z. B. dafür sorgen, dass wir mit den rund 50 Menschen, die jeder in seinem nahen und weiteren Umfeld kennt, möglichst friedlich umgehen und wir uns gegenseitig unterstützen. Darüber hinaus könnten wir mit einer bewussteren Ernährungsweise – nach dem Motto „ab und zu vegan-4-you" – sogar mehrere Fliegen mit einer Klappe schlagen: Wir tun gleichzeitig etwas für unsere Gesundheit, für die Umwelt und für die Lebensbedingungen der Nutztiere.

Kochen als Ehrenamt?
Zugegeben: Die vegane Küche benötigt etwas mehr Zeit als die traditionelle. Gerade am Abend, wenn der Griff in den Kühlschrank zu Wurst und Käse das normale Ritual war, ist in der veganen Ernährung ein wenig mehr Kreativität und Schnippelei gefordert. Ich sehe diese Zeit als gute Investition. Aus Dankbarkeit dem Leben gegenüber – oder einfach weil man der Welt etwas zurückgeben möchte – kann die Viertelstunde Mehrarbeit pro Tag wie ein Ehrenamt verstanden werden. Wir stellen uns – „ab und zu" – an den Herd, schnippeln in unserer Küche ein wenig länger, kochen vegan, tun uns und anderen etwas Gutes und haben zur Belohnung sogar noch eine köstliche, schmackhafte und gesunde Mahlzeit.
Eine feine Win-Win-Win-Strategie!

Was hat vegane Ernährung mit meiner Gesundheit zu tun?
Viele Forschungsergebnisse, die in den renommiertesten wissenschaftlichen Zeitschriften veröffentlicht wurden, weisen auf beträchtliche Probleme hin, die sich nicht zuletzt aus der herkömmlichen Ernährungsweise ergeben.[3)]

Beispiel Herz-Kreislauf-Erkrankungen:
Laut Weltgesundheitsorganisation (WHO) liegt die Sterberate aufgrund kardiovaskulärer Erkrankungen bei 29 Prozent. Mit 17,1 Millionen Todesfällen pro Jahr sind Erkrankungen des kardiovaskulären Systems weltweit die häufigste Todesursache. Die meisten Herz-Kreislauf-Erkrankungen könnten mit einer veränderten Ernährung verhindert oder teilweise sogar rückgängig gemacht werden.

Beispiel Diabetes:
In Europa gibt es schätzungsweise knapp 50 Millionen Menschen mit Diabetes. Eine Änderung der Ernährungsweise ermöglicht es vielen Diabetikern, ohne Medikamente zu leben. Das gilt sowohl für den Typ-2-Diabetes, oft Altersdiabetes genannt, wie auch für den Diabetes Typ 1, der bereits Kinder betrifft.

Beispiel Brust- und Prostatakrebs:
Es wird ein Zusammenhang gesehen zwischen Brustkrebs und der Menge bestimmter weiblicher Sexualhormone, die durch die Nahrung aufgenommen werden.
Der Verzehr von Milchprodukten kann das Risiko von Prostatakrebs erhöhen.

Beispiel Alzheimer:
Eine gesunde Ernährung mit Obst und Gemüse steht in direktem Zusammenhang mit der geistigen Leistungsfähigkeit im Alter.

Beispiel Nierensteine:
Nierensteinen kann mit einer gesunden Ernährung vorgebeugt werden.

Beispiel Rheuma:
Bestimmte Rheumaformen und andere Autoimmunkrankheiten können durch die Ernährung direkt beeinflusst werden.

---

3) China Study – Die wissenschaftliche Begründung für eine vegane Ernährungsweise

Lassen Sie sich Ihr Schnitzel ruhig „ab und zu“ schmecken!
In meinem direkten Umfeld gibt es bereits eine beachtliche Anzahl Menschen, die nach dem Motto „ab und zu vegan-4-you“ leben und keinerlei Mangel erfahren, und auch nicht das Gefühl haben, auf etwas verzichten zu müssen. Sie essen z. B. am Mittag in der Kantine das, was dort angeboten wird, und an einigen Abenden und am Wochenende ernähren sie sich ganz bewusst vegan.

Diese Menschen haben gar nicht viel an ihren bisherigen Lebensabläufen geändert. Sie suchen nach leckeren Rezepten, die sich von anderen nur dadurch unterscheiden, dass zusätzlich noch „vegan“ draufsteht. Sie gehen vielleicht auch ein wenig bewusster einkaufen – und das ist doch schon die halbe Miete.

Die Gerichte, deren Rezepte ich für „ab und zu vegan-4-you“ aufgeschrieben habe, sollen vor allem gut schmecken. Dabei spielt es meines Erachtens erst einmal nur eine Nebenrolle, ob die Zutaten auch noch aus ökologischer Landwirtschaft stammen. Es gibt viele Menschen, die einen Discounter um die Ecke haben, und für die es viel zu umständlich oder vielleicht auch zu teuer wäre, alles im Bioladen einzukaufen. Hat man die Möglichkeit, sich mit Biolebensmittel einzudecken, ist das natürlich umso besser.

Ich bin mir sicher, dass ohne Dogmatismus und ohne ein Alles-oder-nichts-Denken der Einstieg in die vegane Ernährungsweise für jeden problemlos möglich ist.

Ich wünsche viel Spaß beim Kochen und allzeit guten Appetit!

Ursel Kiefer
Wehr, im März 2014

Mikronährstoffe

Interview mit Prof. Dr. Michaela Döll, Vitalstoffexpertin

■ **Kiefer:** Bei meiner Recherche zum Thema Vitamin B12 und vegane Ernährung bin selbst ich, als ausgebildete Heilpraktikerin, an meine Grenzen gestoßen. Die Gerüchteküche um die vegane Ernährungsweise verbreitet viel gefährliches Halbwissen. Zuweilen ist sogar von einer gefährlichen Mangelernährung die Rede. Deshalb meine Frage an Sie als anerkannte Vitalstoffexpertin: Ist vegane Ernährung gesund oder schadet Sie den Menschen?

■ ***Döll:*** *Zur veganen Ernährung gibt es inzwischen eine Reihe von wissenschaftlichen Informationen, die darauf hinweisen, dass diese Ernährungsart eine Vielzahl von gesundheitlichen Vorteilen bieten kann. Der bewusstere Umgang mit der Umwelt und der Züchtung von Schlachttieren wird zurzeit durch die mediale Berichterstattung in den Fokus gerückt, und immer mehr Menschen – junge wie alte – liebäugeln deshalb mit der vegetarischen oder veganen Lebensweise. Allerdings sind bei einer langfristigen rein veganen Ernährung Mangelzustände an bestimmten Mikronährstoffen (z. B. Vitamin B12, L-Carnitin und Eisen) nicht auszuschließen.*

■ **Kiefer:** Dürfen sich auch Kinder, ältere Menschen, Sportler und sogar Schwangere vegan ernähren?

■ ***Döll:*** *Grundsätzlich kann sich jeder vegan ernähren. Allerdings sollte man die Mikronährstoffe „im Blick“ haben. Vor allem Kinder und Jugendliche haben durch den Wachstumsprozess einen besonders hohen Bedarf an diesen lebensnotwendigen Stoffen.*

■ **Kiefer:** Sollen Menschen, die sich rein vegan ernähren, einmal pro Jahr über ein Blutbild den Mikronährstoffstatus untersuchen lassen?

■ ***Döll:*** *Ja, das ist bei einer langfristig veganen Ernährung durchaus sinnvoll.*

■ **Kiefer:** Auf welche Mikronährstoffe muss besonders geachtet werden? Gibt es Warnhinweise? Wie sehen die ersten Symptome eines Nährstoffmangels aus?

■ ***Döll:*** *Nehmen wir hier einmal das Vitamin B12. Dieses ist zusammen mit den anderen Vitaminen des B-Komplexes für die Nerven, das Gehirn und den Energiestoffwechsel notwendig. Die Symptome sind vielfältig und reichen von Blutarmut über Appetitlosigkeit und Tinnitus bis hin zu Muskelzittern, Reizbarkeit, Depressionen und Demenz. Äußerliche Anzeichen können Blässe, eine glatte, rote Zunge und Risse in den Mundwinkeln sein. Aber nicht nur Veganer sind von einem Vitamin-B12-Mangel betroffen, sondern auch Menschen, die bestimmte Arzneimittel einnehmen, die einen hohen Konsum an Alkohol und Zigaretten haben oder ständig unter Stress stehen, sowie Menschen, die an Krebs, Aids, Burnout, Depressionen, Diabetes mellitus, Gastritis, Nieren- oder Lebererkrankungen leiden. Weiterhin besteht die Gefahr eines Eisenmangels, denn besonders tierische Produkte sind reich an diesem Spurenelement, und das tierische Eisen ist in der Regel auch besser verwertbar als die pflanzliche Form.*

■ **Kiefer:** Nun sträuben sich viele Menschen, die notwendigen Mikronährstoffe in Form eines Nahrungsergänzungsmittels einzunehmen. Sie sehen das als „unnatürlich“ an. Wie stehen Sie dazu?

■ ***Döll:*** *Obwohl ich keine Veganerin bin (ich esse hin und wieder qualitativ hochwertiges Fleisch von frei laufenden*

Tieren), finde ich die vegane Bewegung klasse und zukunftsweisend für Mensch, Tier und Umwelt. Darum verwundert mich die Scheu der Betroffenen, ein Präparat einzunehmen, das den Menschen ihre Gesundheit erhält und wofür kein Tier getötet werden muss. Inzwischen gibt es für die verschiedensten gesundheitlichen Belange (z. B. Arthrose) vegane Nahrungsergänzungsmittel. Bei der Entwicklung solcher Produkte habe ich mich mit meiner Firma JUVENTA Healthcare besonders engagiert und unsere Produkte vegan zertifizieren lassen.

■ **Kiefer:** Der „Fleischatlas 2014" hat Anfang des Jahres statistische Zahlen veröffentlicht. Danach verzehren die Deutschen pro Kopf und Jahr rund 87 Kilogramm Fleisch und Fleischerzeugnisse. Nun bin ich ja keine „militante Veganerin" und keine Verfechterin der „Alles-oder-nichts-Methode".
Meine Philosophie lautet: „Ab und zu vegan-4-you". Ich fände es schon klasse, wenn sich der Pro-Kopf-Verbrauch von 87 kg auf 50 oder 40 kg reduzieren würde, wenn statt täglich nur ein paar Mal pro Woche Fleisch, Wurst, Käse, Eier, Milch und Fisch auf dem Speisezettel der Menschen stände. Nun meine Frage: Gibt es da eine Empfehlung wie z. B. „ein Ei pro Woche" oder „zwei Fleischmahlzeiten pro Woche", um genügend Vitamin B12 über die Nahrung zuzuführen?

■ ***Döll:*** *Mikronährstoffe kommen, wie der Name schon sagt, nur in geringen Mengen in den Lebensmitteln vor. Das stellt ein grundlegendes Problem dar. Eier enthalten z. B. 2 bis 2,5 Mikrogramm, 100 g Camembert 3 und Forelle 4,5 Mikrogramm. Der Tagesbedarf an Vitamin B12 eines Erwachsenen beträgt allerdings 3 Mikrogramm. Diese paar Zahlen zeigen, dass es auch für die Fleischesser eine Herausforderung darstellt, den Vitamin-B12-Spiegel auf gutem Niveau zu halten. Zusammenfassend kann ich sagen, dass es wünschenswert und gesund ist, hin und wieder „vegane Zeiten" einzuschieben, wenn man eigenverantwortlich die Mikronährstoffversorgung im Blick behält.*

■ **Kiefer:** Vielen Dank für das Gespräch!

Prof. Dr. Michaela Döll, Vitalstoffexpertin, ihr Rat ist auch in TV- und Hörfunksendungen gefragt. Seit Jahren bildet sie Therapeuten im Bereich der Vitalstoff- oder orthomolekularen Medizin aus. Döll ist auch durch ihre zahlreichen Bücher und Fachpublikationen bekannt. Vor einigen Jahren gründete sie eine eigene Firma und entwickelt vegane Nahrungsergänzungsmittel gegen verschiedene gesundheitliche Beschwerden.

www.juventahealthcare.com

(Kontaktdaten siehe Seite 321)

Vitamin-B12-Fakten

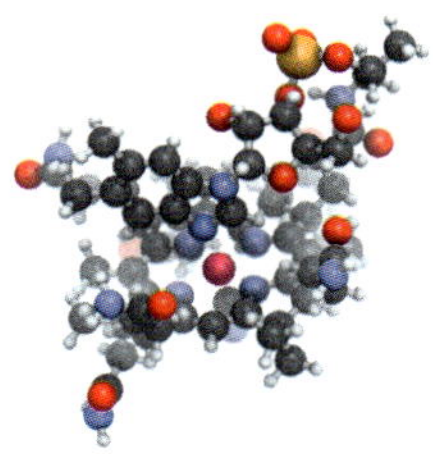

Der Mensch ist nicht in der Lage, Vitamin B12 selbst zu produzieren. Vitamin B12 wird von Bakterien produziert, die im Verdauungstrakt von Tieren vorkommen. Es wird in Muskeln und Leber gespeichert. Bei einer Mischkost wird der Vitamin-B12-Bedarf somit durch Fleisch und Innereien gedeckt.
Vegetarier versorgen sich über Milchprodukte und den Verzehr von Eiern.
Man nimmt an, dass Tiere, die sich nur von Pflanzen ernähren, den größten Teil ihres Vitamin-B12-Bedarfs über eine Symbiose mit Bakterien in ihrer Darmflora decken. Auch im Darm des Menschen produzieren Mikroorganismen Vitamin B12.
Allerdings erfolgt die Synthese vor allem im Dickdarm, während die Absorption nur im terminalen Ileum, also kurz vor dem Dickdarm, erfolgen kann. Und so wird das im menschlichen Dickdarm gebildete Vitamin B12 ungenutzt ausgeschieden. (Quelle: wikipedia)

Auch manche Pflanzen enthalten Spuren von Vitamin B12. Dazu gehören z. B. Gemüse, das durch Milchsäuregärung haltbar gemacht wurde, einige Algenarten, Bohnen, Erbsen, Lupinen und Ingwer. Außerdem enthalten mehrere Speisepilze und Hefeflocken Vitamin-B12-Spuren. Keine pflanzliche Ernährungsform versorgt den Menschen jedoch langfristig mit einer ausreichenden Menge der verwertbaren Form des Vitamins.
Der tägliche empfohlene Bedarf beträgt für einen Erwachsenen ca. 3 Mikrogramm. Bei Säuglingen ist von einem Vitamin-B12-Bedarf von 0,4–0,8 Mikrogramm pro Tag auszugehen, der bei Kindern von 1 Mikrogramm (1 Jahr) bis auf 3 Mikrogramm (13 bis unter 15 Jahre) ansteigt. Bei Schwangeren und Stillenden wird ein erhöhter Bedarf von 3,5–4 Mikrogramm angenommen (Quelle: wikipedia)
Der menschliche Körper speichert in Muskeln und Leber ca. 4 000 Mikrogramm des Vitamins. Deshalb kann es Monate bis Jahre dauern, bis sich ein Mangel bemerkbar macht. Das Vitamin wird im Körper ständig in den Dünndarm abgegeben und dort durch den sog. „Intrinsic-Faktor“ wieder aufgenommen. Falls es zur Störung bei der Bildung dieses Faktors kommt, kann das Vitamin nicht mehr resorbiert werden, wodurch sich die Vitamin-B12-Depots mit der Zeit leeren. Dies gilt auch für Menschen, die Fleisch essen.

Grußwort des Küchenmeisters

Ralf Hiener

Südbadener, Küchenmeister und Gastronom in vierter Generation. Nach Wanderjahren in der Süddeutschen und der Schweizer Sternegastronomie Geschäftsführer in verschiedenen Hotels, Kochbuchautor, Kräuterexperte und Mitbegründer der Essbare Landschaften GmbH. Seit Januar 2014 Pächter des Restaurants Raskolnikoff in Dresden.

Grußwort

Foto: Anne Freidanck

Als ich im vergangenen Jahr einen Anruf von Ursel Kiefer bekam und sie mich fragte, ob ich mir vorstellen könnte, die Fotoproduktion für vegane Rezepte kochtechnisch zu begleiten, war ich erst einmal sehr skeptisch. Es ist zwar nicht so, dass ich ein ausgeprägter „Fleischfresser" bin. Der Begriff „vegan" war mir aber einfach immer etwas zu dogmatisch dahergekommen, und ich verband damit eine recht einseitige Lebenseinstellung. Mit veganer Butter oder Tofu-Gerichten konnte man mich jagen.

Als mir Ursel dann erste Rezepte zukommen ließ, war ich überrascht und wurde neugierig. Die Rezepte lasen sich alle ganz schmackhaft und vielfältig, und ich bekam große Lust, sie nachzukochen. Also sagte ich zu und machte mich auf den Weg in meine alte Heimat. Bei einem Glas Geldermann-Sekt besprachen wir die Vorgehensweise für unser einwöchiges Fotoshooting.

Nachdem die ersten Rezepte gekocht und fotografiert waren, wurde mir klar, dass ich mit meinem Gespür richtig gelegen hatte – die Gerichte sahen nicht nur optisch gut aus, sondern schmeckten auch richtig gut. Nach einer Woche hatten wir 60 Gerichte „im Kasten". Ich war erstaunt über die vielen Möglichkeiten, die eine rein vegane Küche mit sich bringt. Besonders überzeugt haben mich Gerichte, die geschmacklich extrem nah an ihre „Fleischkollegen" herankommen. Von vegan zubereiteter Bolognese-Sauce über gefüllte Paprika, „Moussaka" und „Fleischküchle" bis hin zu Lasagne – alles schmeckte ausgezeichnet und war auch von der Konsistenz her einfach super.

Dank Ursels Anruf wurde ich vom Vegan-Skeptiker zu einem großen Fan veganer Kochkunst.

Ralf Hiener
Dresden, im März 2014

Lebens-mittelkunde

Typische Produkte der veganen Küche.
Diese Lebensmittel sind Bestandteil der Rezepte von:

ab und zu
vegan-4-you

Sojamilch

Sojamilch wird aus eingeweichten und pürierten Sojabohnen hergestellt. Die Zusammensetzung der Sojamilch – Eiweißgehalt und Kohlenhydrate – sind mit der Kuhmilch vergleichbar. Sojamilch hat weniger Fett und weniger Vitamine des B-Komplexes als die Kuhmilch. In der Europäischen Union darf Sojamilch nicht unter der Bezeichnung „Milch" verkauft werden, weshalb man sie z. B. als „Sojadrink" im Handel findet.

Getreidemilch, Reismilch, Mandelmilch

Als Ersatz für Kuhmilch findet man in den Regalen vieler Lebensmittelläden „Milch" aus Hafer, Reis und Mandeln. Der Nährstoffgehalt der Getreidemilch variiert in Abhängigkeit von der Getreideart, aus der das Milchersatzprodukt hergestellt wird. Getreide- und Mandelmilch enthält weniger gesättigte Fettsäuren aber auch weniger Eiweiß als die Kuhmilch. Da Getreide- und Mandelmilch keinen Milchzucker enthält, kann sie auch von Menschen mit Laktoseintoleranz verzehrt werden. Getreidemilch kann für die Ernährung von Säuglingen nur dann verwendet werden, wenn wichtige Vitamine, Proteine und Calcium zugesetzt werden.

1

2

Sojasahne, Hafercuisine (1)
Sojasahne und Hafercuisine findet man im Bioladen und in vielen Supermärkten, in der Nähe der Kuhmilch in Tetra-Pak-Verpackungen. Sie ersetzen in der veganen Küche die Sahne aus Kuhmilch. Kalt und unter Zugabe von Sahnestandmittel lässt sich die Sojasahne zu Schlagrahm aufschlagen. Mit Sojasahne lassen sich Saucen, Eintöpfe und Aufläufe verfeinern und abrunden.

Sojajoghurt (2)
Sojajoghurt darf in der Europäischen Union nicht unter der Bezeichnung „Joghurt" verkauft werden. Die Hersteller verwenden Bezeichnungen wie Sojagurt, Soja Yofu etc. Die Herstellung erfolgt wie bei der Kuhmilch durch Fermentierung. Aber Sojajoghurt ist nicht gleich Sojajoghurt. Es gibt Sorten, die direkt über ein Müsli oder einen Fruchtsalat gegeben werden können und leicht süß und sehr cremig schmecken. Diese Sorten sind allerdings für herzhafte Zubereitungen nicht zu gebrauchen. Dafür gibt es andere Sorten, die neutraler im Geschmack sind und gut für Kräuterdips etc. verwendet werden können.

Sojajoghurt kann wie Joghurt aus Kuhmilch mit einem Joghurtgerät aus Sojamilch zuhause hergestellt werden.

Vegane Butter (1)
Vegane Butter ist eine Pflanzenmargarine, die geschmacklich von Butter aus Kuhmilch kaum zu unterscheiden ist.
Sie schmeckt auf dem Frühstücksbrötchen lecker und kann genau wie die Butter aus Kuhmilch zum Backen und Braten verwendet werden.

Olivenöl (2)
Kalt gepresstes Olivenöl ist – anders als die meisten anderen Pflanzenöle, die durch Raffinierung hergestellt werden – ein reines Naturprodukt.
Olivenöl ist besonders gut zum Braten und Frittieren geeignet und passt wunderbar zu Tomatensalat.

Sojaschnetzel (fein, mittel, grob)
Sojaschnetzel, auch texturiertes Soja oder Sojafleisch genannt, ist ein aus Sojamehl hergestellter Fleischersatz, der fast kein Fett enthält, dafür aber jede Menge Proteine. Die unterschiedlich großen getrockneten Sojaschnetzel haben praktisch keinen Eigengeschmack.

Sie werden in herzhafter Gemüsebrühe, Sojasauce, Kokosmilch oder anderen Marinaden eingeweicht und dann wie Fleisch gewürzt und zu „Gulasch“, „Bolognese-Sauce“, „Schnitzeln“ oder Suppeneinlagen weiterverarbeitet.

Naturtofu, geräucherter Tofu

Tofu ist ein guter Eiweißlieferant in der veganen Kost. Er kommt ursprünglich aus dem asiatischen Raum und findet zunehmend auch in der westlichen Welt Akzeptanz. Tofu wird aus Sojabohnen hergestellt, die zuerst zu Sojamilch verarbeitet werden. Nach dem Zusetzen eines Gerinnungsmittels entsteht der Tofubruch, der in durchlässige Schalen gefüllt, ausgedrückt und zu Blöcken gepresst wird. Tofu ist nahezu geschmacksneutral und wird vor dem Verzehr gewürzt, mariniert und dann gebraten, in Suppen und Eintöpfen mitgekocht oder mit einer Gabel zerdrückt als Hackfleischersatz oder sogar als „Rührei" verwendet.

Räuchertofu wurde in Buchenholzrauch geräuchert und hat dadurch einen pikant rauchigen Geschmack.

Neben Natur- und Räuchertofu gibt es viele weitere Varianten, bei denen dem Naturtofu bereits Kräuter oder Gewürze beigemischt wurden.

Sojamehl (1)
Sojamehl ist eines der Produkte, mit dem Eier beim Kochen und Backen ersetzt werden können. Eine Mischung aus einem gehäuften Esslöffel Sojamehl, angerührt mit zwei Esslöffeln Wasser, ersetzt ein Ei. Alternativ kann auch ein Esslöffel Speisestärke mit einem Teelöffel Backpulver und zwei Esslöffeln kohlensäurehaltigem Mineralwasser verrührt und als Ersatz für ein Ei verwendet werden.
Außerdem sind in Bioläden und Reformhäusern fertige Ei-Ersatz-Produkte erhältlich. So ist die Zubereitung von Pfannkuchen, Omelettes und Spätzle auch ohne Eier möglich.

Hefeflocken / Nährhefe (2)
Nährhefe wird durch Trocknen und Mahlen frischer Hefe hergestellt und wird in der veganen Küche bei der Herstellung von Brotaufstrichen, zum Binden und zum Abschmecken pikanter Speisen, Saucen und Salate verwendet.
Sie ist eine wertvolle Quelle für Eiweiß, Vitamine der B-Gruppe und Mineralstoffe. Zusammen mit einer weißen Béchamelsauce wird ein sog. Hefeschmelz gekocht, der als „Käse"-Deckschicht auf Aufläufen oder für Pizzas verwendet werden kann.

Kräutersalz (1)
Eine gute Salz-Gewürz-Mischung* sollte in keiner Küche fehlen.

Sambal Oelek (2)
Sambal Oelek ist eine Würzpaste die aus zerkleinerten rohen roten Chilischoten, Salz und Essig hergestellt wird. Sie stammt ursprünglich aus Indonesien und wird zum Würzen asiatischer Gerichte aber auch in Suppen und Eintöpfen verwendet.

Tahini (3)
Tahini ist eine Paste aus fein gemahlenen Sesamkörnern und stammt aus der arabischen Küche. Sie ist eine Grundzutat des Hummus (Kichererbsenbrei), wird aber auch mit Zitronensaft und Knoblauch vermischt als Dip gereicht.

Flüssigrauch / Liquid smoke (4)
Als Raucharoma bezeichnet man Zubereitungen aus kondensiertem und gereinigtem Rauch, der zum Räuchern von Lebensmitteln verwendet wird. Bei Flüssigrauch handelt es sich um ein Raucharoma in flüssiger Form.

---

* Das Kräutersalz von vegan-4-you besteht aus 13 Bio-Kräutern (20 %) – Zwiebeln, Sellerieblätter, Knoblauch, Oregano, Petersilie, Dill, Rosmarin, Basilikum, Bohnenkraut, Majoran, Koriander, Lorbeer und Salbei – und aus Himalayasalz (80 %).

Gemüsebrühpulver (1)
Für die vegane Küche ist eine schmackhafte Gemüsebrühe unverzichtbar. Sie dient vielen Gerichten als würzige Grundlage oder gibt ihnen geschmacklich den letzten Schliff.

Sojasauce (2)
Sojasauce wird durch Fermentation aus Wasser, Sojabohnen, Getreide und Salz hergestellt und eignet sich zum Würzen, Abschmecken und Verfeinern nicht nur von asiatischen Gerichten.

Ahornsirup (3)
Ahornsirup ist ein natürliches Süßungsmittel und ist cholesterin-, gluten-, histamin- und milcheiweißfrei. Er wird zum geschmacklichen Abrunden verschiedener Speisen verwendet.

Kokosmilch (4)
Kokosmilch wird aus püriertem Fruchtfleisch der Kokosnuss und Wasser hergestellt. Sie hat bis zu 25 % Fettgehalt und wird wegen ihres aromatischen Geschmacks zum Verfeinern vieler Speisen sehr geschätzt.

Rezepte

Brot-aufstriche

Avocadocreme

Zutaten für 2–3 Personen:
1 vollreife Avocado
1–2 TL Zitronensaft
1 Knoblauchzehe
2 EL Sojasahne
½ TL gemahlener Koriander
1 Messerspitze Chilipulver
½ TL Ahornsirup
Pfeffer aus der Mühle
½–1 TL Kräutersalz

Avocadocreme

Zubereitung

- Die Avocado halbieren und vom Kern befreien.
- Das Fruchtfleisch aus der Schale lösen und gleich mit dem Zitronensaft beträufeln und mit einer Gabel zerdrücken.
- Den Knoblauch schälen, durch die Knoblauchpresse drücken und hinzufügen.
- Die Sojasahne unterrühren und mit Koriander, Chilipulver, Ahornsirup, Pfeffer und Kräutersalz abschmecken.

TIPP: Passt zu frisch gebackenem Vollkornbrot mit veganer Butter und mit Zwiebel- oder Radieschenscheibchen belegt.

Hummus

Zutaten für 2–3 Personen:
250 g Kichererbsen aus der Dose
2–3 Knoblauchzehen
2½ EL Zitronensaft
6–8 EL Orangensaft
2 EL Olivenöl
100 ml Tahini
½ bis 1 TL Kreuzkümmel
1 Messerspitze Chilipulver
Pfeffer aus der Mühle
1½ bis 2 TL Salz
Olivenöl
Gehackte Petersilie zum Bestreuen

Hummus

Zubereitung

- Knoblauch schälen und grob hacken.
- Die Kichererbsen in ein Sieb schütten und mit klarem Wasser abspülen.
- Alle Zutaten – Kichererbsen, Knoblauch, Zitronensaft, Orangensaft, Öl, Sesampaste, Kreuzkümmel, Chilipulver, Pfeffer und Salz mit dem Passierstab oder in der Küchenmaschine fein pürieren.
- Den Hummus auf einen Teller streichen. Die Oberfläche mit einem Löffel furchen bzw. eindrücken und Olivenöl darüber träufeln. Mit Petersilie bestreuen.

TIPP: Im Kühlschrank aufbewahrt hält sich der Hummus einige Tage.

Hummus ist eine sehr schmackhafte arabische Spezialität, die mit Fladenbrot oder mit jedem anderen frisch gebackenen Brot aufgestippt wird.

Grüne Erbsencreme

Zutaten für 2–3 Personen:
200 g Erbsen tiefgekühlt
1 EL Tahini
2 Knoblauchzehen
3 EL Zitronensaft
1 EL Olivenöl
1 Messerspitze gemahlener Kreuzkümmel
½ Bund Petersilie
Pfeffer aus der Mühle
2–3 TL Kräutersalz
Chilipulver

Grüne Erbsencreme

Zubereitung

- In einem Topf Wasser erhitzen und die Erbsen darin ca. 10 Minuten köcheln lassen.
- Erbsen abgießen und mit kaltem Wasser abschrecken.
- Knoblauchzehen schälen und grob hacken.
- Petersilie waschen und klein schneiden.
- Die Erbsen zusammen mit den restlichen Zutaten – Tahini, Knoblauch, Zitronensaft, Öl, Kreuzkümmel, Petersilie, Pfeffer und Kräutersalz – mit dem Passierstab oder mit der Küchenmaschine zu einer feinen Creme pürieren.
- Falls die Creme noch zu fest ist, mit etwas Wasser verdünnen.
- In eine kleine Schale füllen und zusammen mit Olivenöl und Chilipulver servieren.

TIPP: Ein Brotaufstrich, der in 15 Minuten fertig ist und köstlich schmeckt. Passt zu allen Brotsorten und kann in Gläser abgefüllt auch als Pausensnack ins Büro mitgenommen werden.

„Gemüseleberwurst“ Nr. 1

Zutaten für 2–3 Personen:
1 Zwiebel
1 Knoblauchzehe
2 EL vegane Butter
1 EL Tomatenmark
200 g grüne Bohnen
125 ml Gemüsebrühe

200 g Räuchertofu
1 EL Sojasauce
½ TL Majoran

1 TL Kümmel
½ TL Flüssigrauch
1 TL Bohnenkraut
1 TL Majoran
Pfeffer aus der Mühle
Kräutersalz

„Gemüseleberwurst“ Nr. 1

Zubereitung

- Die Zwiebel und den Knoblauch schälen und klein hacken.
- Die grünen Bohnen waschen, von den Stielen befreien und in Stücke schneiden.
- Den Räuchertofu in kleine Würfel schneiden und in einer Schüssel mit der Sojasauce übergießen und mit einem ½ Teelöffel Majoran bestreuen.
- Vegane Butter in einer beschichteten Pfanne erhitzen.
- Die Zwiebelstücke darin goldbraun anbraten.
- Das Tomatenmark hinzufügen und kurz mitrösten. Achtung, dass es nicht anbrennt.
- Mit der Gemüsebrühe ablöschen und den Knoblauch und die Bohnen dazugeben.
- Auf kleiner Flamme 15 Minuten köcheln lassen, bis die Flüssigkeit verdunstet ist.
- Die restlichen Gewürzzutaten – Kümmel, Flüssigrauch, Bohnenkraut und Majoran – hinzufügen und gelegentlich umrühren.
- Das Bohnengemüse zusammen mit dem marinierten Räuchertofu mit dem Passierstab oder in der Küchenmaschine fein pürieren.
- Mit Pfeffer und Kräutersalz abschmecken, in verschließbare Gläser abfüllen und im Kühlschrank kalt stellen.

TIPP: Die „Leberwurst“ mit frischem Brot, Senf und Gewürzgurken als deftige Brotzeit genießen.

„Gemüseleberwurst" Nr. 2

Zutaten für 2–3 Personen:
100 g rote Linsen
1 Lorbeerblatt
½ TL Pfefferkörner
3 getrocknete Tomatenstücke
1 Zwiebel
1 TL Tomatenmark
1 Knoblauchzehe
1 Stück Ingwer (ca. 1 x 1 cm)
1 Frühlingszwiebel
5 Walnusshälften
2 EL Olivenöl
25 ml Gemüsebrühe
3 EL vegane Butter
2 Messerspitzen Piment
2½ TL Majoran
2 Messerspitzen geriebene Muskatnuss
2 Messerspitzen gemahlener Kümmel
2 Messerspitzen gemahlener Koriander
1½ TL Sojasauce
1 TL Kürbiskernöl
Pfeffer aus der Mühle
1 TL Kräutersalz

„Gemüseleberwurst“ Nr. 2

Zubereitung

- Die roten Linsen unter fließendem kalten Wasser abwaschen.
- In einem Topf 400 ml Wasser zum Kochen bringen und die Linsen, das Lorbeerblatt, die getrockneten Tomaten und die Pfefferkörner hinzufügen und ca. 15 Minuten köcheln lassen.
- Die Zwiebel, den Knoblauch und den Ingwer schälen und grob hacken.
- Die Frühlingszwiebel putzen, waschen und grob hacken.
- Ebenso die Walnusskerne grob hacken.
- In einer beschichteten Pfanne das Öl erhitzen und die Zwiebelstücke darin goldbraun anbraten.
- Das Tomatenmark hinzufügen und mitanbraten. Achtung, dass es nicht anbrennt.
- Dann den Knoblauch, den Ingwer, die Frühlingszwiebeln und die Walnüsse hinzufügen und kurz mitrösten.
- Mit 25 ml Gemüsebrühe ablöschen und köcheln lassen, bis die Flüssigkeit verdunstet ist.
- Die getrockneten Tomaten aus dem Topf mit den Linsen nehmen, in grobe Stücke schneiden und zu den Zwiebeln hinzufügen.
- Ebenso die vegane Butter dazugeben und in der Resthitze schmelzen lassen.
- Am Ende der Kochzeit die Linsen abgießen und das Lorbeerblatt entfernen.
- Die Linsen zum Zwiebelgemüse geben und die restlichen Gewürzzutaten – Piment, Majoran, Muskatnuss, Kümmel, Koriander, Sojasauce, Kürbiskernöl, Pfeffer und Kräutersalz – hinzufügen.
- Alles mit dem Passierstab oder in der Küchenmaschine pürieren, in verschließbare Gläser abfüllen und im Kühlschrank mindestens 1 Stunde abkühlen und durchziehen lassen.

„Zwiebelschmalz“

Zutaten für 2–3 Personen:

1 große Zwiebel
¼ Apfel
1 Knoblauchzehe
4 Walnusshälften
1 getrocknetes Tomatenstück
150–200 g vegane Butter
1 TL Majoran
Pfeffer aus der Mühle
Kräutersalz

„Zwiebelschmalz"

Zubereitung

- Die Zwiebel, den Apfel und den Knoblauch schälen und sehr fein würfeln.
- Die Walnusshälften und die getrocknete Tomate klein würfeln.
- 50 g vegane Butter in einem Topf erhitzen und die Zwiebelstücke darin goldbraun anbraten.
- Anschließend den Herd ausschalten und die anderen Zutaten – Apfel, Knoblauch, Walnüsse, getrocknete Tomate, Majoran und Pfeffer – hinzufügen und mit der Resthitze kurz mitanbraten.
- Den Topf vom Herd nehmen, etwas abkühlen lassen und mit der restlichen zimmerwarmen veganen Butter gut vermischen.
- Mit Kräutersalz abschmecken.
- In verschließbare Gläser füllen.
- Das „Zwiebelschmalz" im Kühlschrank ein paar Stunden abkühlen und durchziehen lassen, bis es fest geworden ist.

Kräuterdip Nr. 1

Zutaten für 2–3 Personen:
1 Sojajoghurt
1 Knoblauchzehe
1 EL gehackte Petersilie
1 EL Schnittlauchröllchen
1 TL gehackter Dill
½ TL Hefeflocken
1 TL Zitronensaft
1 TL Olivenöl
Pfeffer aus der Mühle
½–1 TL Kräutersalz

Kräuterdip Nr. 1

Zubereitung

- Den Sojajoghurt in eine kleine Schüssel geben.
- Den Knoblauch schälen und fein hacken.
- Den Knoblauch und die Kräuter zusammen mit den Hefeflocken, dem Zitronensaft und dem Öl mit dem Joghurt vermischen und mit Pfeffer und Kräutersalz abschmecken.
- Im Kühlschrank mindestens 1 Stunde durchziehen lassen.

TIPP: Passt gut zu frischem Brot mit Butter und ein paar Radieschen oder Tomatenscheiben.

Dieser Kräuterdip kann auch als Beilage zu Folienkartoffeln gereicht werden oder als „weiße Sauce" beim Zubereiten von Dönern oder beim Füllen von Yufka-Fladenbroten.

Kräuterdip Nr. 2

Zutaten für 2–3 Personen:
50 g Cashewkerne
(über Nacht in Wasser eingeweicht)
2 Frühlingszwiebeln
1 Sojajoghurt
1 Knoblauchzehe
3 EL gehackte Petersilie
1 EL Schnittlauchröllchen
2 TL Hefeflocken
1 TL Olivenöl
2 TL Zitronensaft
Pfeffer aus der Mühle
½–1 TL Kräutersalz

Kräuterdip Nr. 2

Zubereitung

- Die Frühlingszwiebeln putzen, waschen und in Ringe schneiden.
- Den Knoblauch schälen und grob hacken.
- Die Cashewkerne abgießen, falls noch Einweichwasser zurückgeblieben ist.
- Die Cashewkerne zusammen mit den Frühlingszwiebeln und dem Sojajoghurt in eine tiefe Schüssel geben und mit dem Passierstab sehr fein pürieren.
- Dann die restlichen Zutaten – Knoblauch, Petersilie, Schnittlauch, Hefeflocken, Öl und Zitronensaft – hinzufügen und ebenfalls kurz pürieren.
- Mit Pfeffer und Kräutersalz abschmecken und im Kühlschrank mindestens 1 Stunde durchziehen lassen.

TIPP: Passt gut zu frischem Brot mit Butter und ein paar Radieschen oder Tomaten- und Gurkenscheiben.

Dieser Kräuterdip kann auch als Beilage zu Folienkartoffeln gereicht werden oder als Sauce beim Zubereiten von Dönern oder beim Füllen von Yufka-Fladenbroten.

Zucchini-Kräuter-Creme

Zutaten für 2–3 Personen:
1 kleine Zucchini
1 Zwiebel
1 Knoblauchzehe
1 Stück Ingwer (ca. 1,5 x 1,5 cm)
1 TL Fenchelsamen
2 EL vegane Butter
1 TL Gemüsebrühpulver
½ TL edelsüßes Paprikapulver

2 EL fein gehackte Petersilie
1 EL Schnittlauchröllchen

50 g Cashewkerne
(über Nacht in Wasser eingeweicht)
125 g Sojajoghurt
1 EL Zitronensaft
Pfeffer aus der Mühle
1 TL Kräutersalz

Zucchini-Kräuter-Creme

Zubereitung

- Die Zucchini in kleine Würfel schneiden.
- Die Zwiebel, den Knoblauch und den Ingwer schälen und grob hacken.
- Die vegane Butter in einer beschichteten Pfanne erhitzen und Zwiebelstücke, Ingwer, Fenchelsamen und Zucchini ein paar Minuten anbraten. Dann beiseitestellen und abkühlen lassen.
- Die Cashewkerne abgießen, falls noch Einweichwasser zurückgeblieben ist und zusammen mit dem Sojajoghurt in eine tiefe Schüssel geben und mit dem Passierstab sehr fein pürieren.
- Das Zucchinigemüse hinzufügen und ebenfalls pürieren.
- Mit Zitronensaft, Pfeffer und Kräutersalz abschmecken und die frischen Kräuter unterheben.
- In ein verschließbares Glas abfüllen und im Kühlschrank durchziehen lassen.

Rote Bohnencreme

Zutaten für 2–3 Personen:
1 kleine Dose rote Bohnen
2 getrocknete Tomatenstücke
1 EL Balsamessig
1 Zwiebel
1 Knoblauchzehe
½ Chilischote
2 EL Sonnenblumenkerne
15 g Rucola
2 EL Olivenöl
1 TL Bohnenkraut
1 TL Tahini
2 TL Sojasauce
Pfeffer aus der Mühle
1 TL Kräutersalz
Blattpetersilie zum Garnieren

Rote Bohnencreme

Zubereitung

- Die roten Bohnen in ein Sieb schütten und mit klarem Wasser abspülen.
- Die getrockneten Tomaten in kleine Würfel schneiden, in ein Schnapsglas füllen, mit dem Balsamessig bedecken und durchziehen lassen.
- Die Sonnenblumenkerne in einer beschichteten Pfanne ohne Öl goldbraun rösten und abkühlen lassen.
- Den Rucola verlesen, waschen und in grobe Stücke schneiden.
- Die Zwiebel und den Knoblauch schälen und klein hacken.
- Die Chilischote waschen, längs halbieren, entkernen und in Stücke schneiden.
- Das Öl in einer beschichteten Pfanne erhitzen und die Zwiebel-, Knoblauch- und Chilistücke darin goldgelb anbraten.
- Die Hitze auf kleine Stufe reduzieren, die Bohnen hinzufügen und kurz mitanbraten.
- Das Bohnengemüse, die Sonnenblumenkerne und den Rucola in eine tiefe Schüssel geben und mit dem Passierstab fein pürieren.
- Dann die Gewürzzutaten – Bohnenkraut, Tahini, Sojasauce, Pfeffer und Kräutersalz – hinzufügen.
- Zum Schluss mit einem Löffel die marinierten Tomaten zusammen mit dem Balsamessig unterheben und im Kühlschrank ein paar Stunden durchziehen lassen.

TIPP: Mit frischer Petersilie, ein paar Tomaten- oder Gurkenscheiben und einem frischen Brot servieren.

Feine „Butter"-Variationen

Zutaten für 2–3 Personen:

Für die Kräuter-„Butter":
125 g zimmerwarme vegane Butter
1 Schalotte
2 Knoblauchzehen
1 EL Zitronensaft
1 EL gehackter Thymian
1 EL gehackte Petersilie
2 EL Schnittlauchröllchen
1 EL Kresse
Pfeffer aus der Mühle
Salz

Für die Zwiebel-„Butter":
1 Zwiebel
125 g zimmerwarme vegane Butter
1 EL Zitronensaft
Pfeffer aus der Mühle
Salz

Für die Thymian-Ingwer-„Butter":
125 g zimmerwarme vegane Butter
1 Bund Thymian
1 Stück Ingwer (ca. 1,5 x 1,5 cm)
2 Knoblauchzehen
1 ungespritzte Bio-Zitrone
Pfeffer aus der Mühle
Salz

Feine „Butter"-Variationen

Zubereitung

- Für die Kräuter-„Butter" alle Kräuter fein hacken und mit einer Gabel oder mit dem Knethaken des Mixers zusammen mit dem Zitronensaft mit der veganen Butter gut vermischen und mit Pfeffer und Salz abschmecken.
- Wer eine grün gefärbte „Butter" möchte, kann die Masse mit dem Passierstab pürieren.
- Die Kräuter-„Butter" in ein Glas oder in eine kleine Schale streichen oder auf Butterbrotpapier zu einer Rolle formen und im Kühlschrank aufbewahren.

- Für die Zwiebel-„Butter" die Zwiebel schälen und in kleine Würfel schneiden.
- In 2 Esslöffel veganer Butter goldbraun anrösten und etwas abkühlen lassen.
- Die Zwiebelwürfel mit einer Gabel oder mit dem Knethaken des Mixers zusammen mit dem Zitronensaft mit der veganen Butter gut vermischen und mit Pfeffer und Salz abschmecken.
- Die Zwiebel-„Butter" in ein Glas oder in eine kleine Schale streichen oder auf Butterbrotpapier zu einer Rolle formen und im Kühlschrank aufbewahren.

- Für die Thymian-Ingwer-„Butter" die Blättchen vom Thymian zupfen und fein schneiden.
- Den Ingwer und den Knoblauch schälen und fein hacken.
- Die Zitrone waschen und das Gelbe der Schale mit einer feinen Küchenreibe dünn abschälen.
- Die Zitrone auspressen.
- Alle Zutaten mit einer Gabel oder mit dem Knethaken des Mixers zusammen mit dem ausgepressten Zitronensaft mit der veganen Butter gut vermischen und mit Pfeffer und Salz abschmecken.
- Die Thymian-Ingwer-„Butter" in ein Glas oder in eine kleine Schale streichen oder auf Butterbrotpapier zu einer Rolle formen und im Kühlschrank aufbewahren.

Tapenade aus schwarzen Oliven

Zutaten für 2–3 Personen:
50 g Pinienkerne
50 g getrocknete Tomatenstücke
½ Bund glatte Petersilie
2 Knoblauchzehen
150 g schwarze Oliven ohne Kern
100 g Kapern
2 EL Zitronensaft
1 TL Ahornsirup
3–5 EL Olivenöl
Pfeffer aus der Mühle
Kräutersalz

Tapenade aus schwarzen Oliven

Zubereitung

- In einer beschichteten Pfanne die Pinienkerne ohne Öl rösten, bis sie Farbe bekommen. Anschließend beiseitestellen und auskühlen lassen.
- Getrocknete Tomaten 10 Minuten in Wasser einweichen. Anschließend abgießen und in Stücke schneiden.
- Petersilie waschen, trocken schütteln und fein hacken.
- Knoblauch schälen und ebenfalls fein hacken.
- Oliven in grobe Stücke schneiden.
- Alle Zutaten – Pinienkerne, getrocknete Tomaten, Petersilie, Knoblauch, Oliven, Kapern, Zitronensaft, Olivenöl, Pfeffer und Salz – mit dem Passierstab oder in der Küchenmaschine zerkleinern.
  Je nach Geschmack kann die Tapenade fein püriert oder zu einer krümeligen Paste verarbeitet werden.
- In verschließbare Gläser füllen, glatt streichen und mit Olivenöl dünn begießen. So ist die Tapenade mehrere Wochen im Kühlschrank haltbar.

TIPP: Eine Scheibe frisches Brot hauchdünn mit veganer Butter und mit Tapenade bestreichen und mit dünnen Tomatenscheiben belegen.

„Streichkäse“

Zutaten für 2–3 Personen:
250 g mehlig kochende Kartoffeln
1 Zwiebel
1 Knoblauchzehe
1 Frühlingszwiebel
1 Essiggurke
3 EL Schnittlauchröllchen
½ TL Senf
3 EL Sojajoghurt
1 EL Sojasahne
2 TL Zitronensaft
50 g vegane Butter
1 gestrichener TL Gemüsebrühpulver
1 Messerspitze Chilipulver
Pfeffer aus der Mühle
1 TL Kräutersalz

„Streichkäse“

Zubereitung

- Kartoffeln mit Schale weich kochen und anschließend mit kaltem Wasser abschrecken, etwas abkühlen lassen und dann schälen.
- Zwiebel und Knoblauch schälen und klein hacken.
- Frühlingszwiebel putzen, waschen und in feine Ringe schneiden.
- Essiggurke in kleine Würfel schneiden.
- Kartoffeln mit dem Passierstab pürieren oder mit einem Stampfer zu Kartoffelbrei stampfen.
- Die vegane Butter schmelzen lassen und zusammen mit den anderen Zutaten – Zwiebel, Knoblauch, Frühlingszwiebel, Schnittlauch, Senf, Sojajoghurt, Sojasahne, Zitronensaft, Gemüsebrühpulver und Chilipulver – gut verrühren, bis eine cremige Masse entstanden ist.
- Mit Pfeffer und Kräutersalz herzhaft abschmecken.
- In eine Schale füllen und zugedeckt ein bis zwei Stunden im Kühlschrank durchziehen lassen.
- Nach Belieben mit Kümmel bestreuen und mit frischem Brot servieren.

TIPP: Kartoffelkäse kommt aus dem bayerischen Raum und wurde dort früher den Erntehelfern als Brotzeit gereicht. Heute ist er eine Bereicherung für die moderne vegane Küche.

„Radieschenquark“

Zutaten für 2–3 Personen:
500 g Sojajoghurt natur
10 Radieschen
2 EL Schnittlauchröllchen
1 EL fein gehackte Petersilie
2 EL Sojasahne
1 TL Zitronensaft
1 TL Sonnenblumenöl
1½ TL Kräutersalz

„Radieschenquark“

Zubereitung

- Einen Trichter in ein tiefes Gefäß stellen und mit einem Papierkaffeefilter auslegen.
- Den Sojajoghurt in den Filter füllen und im Kühlschrank über Nacht abtropfen lassen. Je länger der Sojajoghurt abtropft, desto fester wird seine Konsistenz.
- Am nächsten Tag die Radieschen in feine Stifte schneiden.
- Alle Zutaten – Radieschen, Kräuter, Sojasahne, Zitronensaft, Sonnenblumenöl, Kräutersalz und Sojajoghurt – in einer Schüssel verrühren und abgedeckt im Kühlschrank durchziehen lassen.
- Den „Quark“ noch einmal durchrühren und mit frischem Brot servieren.

TIPP: Will man Zaziki zubereiten, verwendet man anstelle der Radieschen und Kräuter kleingeschnittene Gurken, Olivenöl und Knoblauch.

Bruschetta

Zutaten für 2–3 Personen:
2–3 Tomaten
½ Zwiebel
2 Knoblauchzehen
5–10 Basilikumblätter
1 TL Balsamessig
2 EL Olivenöl
Pfeffer aus der Mühle
Kräutersalz

Ciabattabrot oder frisches Baguette

Bruschetta

Zubereitung

- Tomaten waschen, vierteln, vom Stielansatz und von den Kernen befreien und in kleine Würfel schneiden.
- Zwiebel und Knoblauch schälen und klein hacken.
- Die Basilikumblätter in feine Streifen schneiden.
- Balsamessig mit Öl, Pfeffer und Salz verrühren und zusammen mit den Zwiebeln und dem Knoblauch zu den Tomaten geben.
- Abgedeckt ca. 1 Stunde durchziehen lassen.
- In der Zwischenzeit das Brot in Scheiben schneiden und im Backofen von beiden Seiten goldbraun anrösten.
- Die Tomaten auf die gegrillten Brotscheiben schichten und diese sofort servieren.

TIPP: Bruschetta war früher in Italien ein „Arme-Leute-Essen". Es wurde frisches Brot geröstet, mit Knoblauch eingerieben und mit Olivenöl beträufelt.
Heute wird Bruschetta mit Tomaten, Zwiebeln und Basilikum belegt und ist eine der beliebtesten italienischen Vorspeisen.

Suppen

Serbische Bohnensuppe

Zutaten für 2–3 Personen:
2 EL Olivenöl
1 Zwiebel
3 EL Tomatenmark
400 ml herzhafte Gemüsebrühe
1 Kartoffel
1 Karotte
1 rote Paprikaschote
4 EL feine Sojaschnetzel
2 Knoblauchzehen
1 Dose weiße Bohnen
400 g passierte Tomaten
1 EL edelsüßes Paprikapulver
½ TL gemahlener Kümmel
1 EL Bohnenkraut (oder Thymian, Majoran, Oregano)
1 TL Sambal Oelek
2 EL Sojasauce
1 TL Zitronensaft
½ TL Ahornsirup
Kräutersalz

Serbische Bohnensuppe

Zubereitung

- Zwiebel und Knoblauch schälen und klein schneiden.
- Kartoffel und Karotte schälen und in kleine Würfel schneiden.
- Die Paprikaschote waschen, längs halbieren, vom Kerngehäuse befreien und ebenfalls klein würfeln.
- Die weißen Bohnen in ein Sieb schütten und mit klarem Wasser abspülen.
- Das Öl in einem Topf erhitzen und die Zwiebelstücke darin goldbraun anbraten.
- Dann das Tomatenmark dazugeben und eine Minute mitrösten. Achtung, dass es nicht anbrennt.
- Mit der Gemüsebrühe ablöschen.
- Nun die passierten Tomaten, den Knoblauch, die Kartoffel-, Karotten- und Paprikawürfel zusammen mit den Sojaschnetzeln in den Topf geben.
- Nach und nach alle weiteren Gewürzzutaten – Paprikapulver, Kümmel, Bohnenkraut, Sambal Oelek, Sojasauce, Ahornsirup und Zitronensaft – dazugeben und auf kleiner Flamme ca. 1 Stunde köcheln.
- Bei Bedarf mit Kräutersalz, etwas Gemüsebrühpulver oder einer der anderen Gewürzzutaten abschmecken.

TIPP: Eine Suppe für kalte Winterabende.
Schmeckt auch am nächsten Tag noch köstlich.

Badische Linsensuppe

Zutaten für 2–3 Personen:

1 Zwiebel
2 EL Olivenöl
1 Karotte
1 Stück Sellerieknolle
1 große Kartoffel
1 Knoblauchzehe
150 g Tellerlinsen (Kochzeit ohne Einweichen
45 Minuten bzw. siehe Packungsanweisung)
800 ml Wasser
1–2 TL Bohnenkraut (oder Kräuter der Provence)
½–1 TL gemahlener Kümmel
½ TL Ahornsirup
1 TL Weinessig
2–3 TL Gemüsebrühpulver
1 EL Mehl
3 EL Wasser
Pfeffer aus der Mühle
Kräutersalz

Badische Linsensuppe

Zubereitung

- Die Zwiebel schälen und in kleine Würfel schneiden.
- Die Karotte, den Sellerie, die Kartoffel und den Knoblauch putzen, schälen und in kleine Würfel schneiden.
- Das Öl in einem Topf erhitzen.
- Die Zwiebelwürfel darin andünsten, bis sie Farbe annehmen.
- Mit dem Wasser ablöschen, die Linsen hinzufügen und 30 Minuten köcheln lassen.
- Dann die Gemüsewürfel – Karotte, Sellerie, Kartoffel und Knoblauch – dazugeben und weitere 15 Minuten garen.
- Nach und nach die Gewürzzutaten – Bohnenkraut, Kümmel, Ahornsirup und Weinessig – in die Suppe geben.
- Am Ende der Kochzeit, wenn die Linsen weich sind, das Gemüsebrühpulver hinzufügen und bei Bedarf mit Pfeffer und Kräutersalz abschmecken.
- Bei Bedarf kann die Suppe etwas gebunden werden. Dazu das Mehl mit dem Wasser klümpchenfrei verrühren und in die Suppe geben. Einmal kurz aufkochen lassen.

TIPP: Nach dem Anrichten einen halben Teelöffel Weinessig direkt in die Mitte des Tellers geben und leicht verrühren. Dazu passt ein herzhaftes Vollkornbrot genauso gut wie ein Baguette.

Feine Kürbissuppe

Zutaten für 2–3 Personen:
½ kleiner Hokkaido-Kürbis (ca. 400 g)
100–200 g Kartoffeln
600 ml Wasser
2–3 TL Gemüsebrühpulver
1 Stück Ingwer (ca. 1,5 x 1,5 cm)
1 TL rote Currypaste (oder Sambal Oelek)
2 EL Sojasauce
1 TL Ahornsirup
½ TL gemahlener Kümmel
½ TL gemahlener Kreuzkümmel
1 EL gemahlener Koriander
1 TL Sojasauce
2–3 EL Sojasahne
Kräutersalz
Kürbiskernöl

Feine Kürbissuppe

Zubereitung

- Kürbis waschen, halbieren und die Kerne entfernen.
- Kartoffeln schälen und zusammen mit dem Kürbis in mundgerechte Stücke schneiden.
- Ingwer schälen und in kleine Würfel schneiden.
- Wasser zum Kochen bringen und das Gemüsebrühpulver einrühren.
- Kürbis- und Kartoffelwürfel in die Brühe geben und ca. 20 Minuten auf kleiner Flamme kochen.
- Nach und nach alle Gewürzzutaten – Ingwer, Currypaste, Sojasauce, Ahornsirup, Kümmel, Kreuzkümmel und Koriander – hinzufügen.
- Nach ca. 15 Minuten mit einer Schöpfkelle ca. ¼ der Kürbis- und Kartoffelwürfel abschöpfen und beiseitestellen.
- Die Suppe mit dem Passierstab fein pürieren.
- Dann die beiseitegestellten Kürbis- und Kartoffelwürfel zurück in die Suppe geben.
- Mit dem Kräutersalz und bei Bedarf mit einem der anderen Gewürzzutaten abschmecken.
- Die Sojasahne unterrühren und mit ein paar Tropfen Kürbiskernöl verfeinert servieren.

TIPP: Eine dekorative Anrichtmethode: In einen Suppenteller 2 Esslöffel Sojasahne geben und in die Mitte der Sojasahne 1 Esslöffel Kürbiskernöl. Danach die Suppe langsam mittig auf das Öl gießen.

Asiatische Tom-Kha-Suppe

Zutaten für 2–3 Personen:
2 Gemüsezwiebeln
2 EL Olivenöl
½ Blumenkohl
2 festkochende Kartoffeln
6–8 frische Champignons oder 1 kleine Dose
1 Stück Ingwer (ca. 1,5 x 1,5 cm)
600 ml Gemüsebrühe
2 EL Zitronengraspaste aus dem Glas
4 EL mittelfeine Sojaschnetzel
2 chinesische Suppenwürfel
½ TL Garam Masala Gewürzmischung
½ TL rote Currypaste
½ TL Kurkuma
1–2 EL Zitronensaft
1 TL Ahornsirup
2–3 EL Sojasauce
200 ml Kokosmilch aus der Dose
Kräutersalz

Asiatische Tom-Kha-Suppe

Zubereitung

- Die Zwiebeln schälen und in große Stücke schneiden.
- Blumenkohl waschen und in Röschen teilen.
- Kartoffeln putzen und ungeschält in mundgerechte Stücke schneiden.
- Champignons putzen und je nach Größe in Streifen schneiden oder vierteln.
- Ingwer schälen und in kleine Würfel schneiden.
- Das Öl in einem Topf erhitzen.
- Zwiebelstücke darin scharf anbraten, bis sie Farbe annehmen.
- Kartoffeln, Blumenkohl, Champignons und Ingwer zugeben und 2 Minuten mitanbraten.
- Mit Gemüsebrühe ablöschen, einmal aufkochen lassen und dann auf kleiner Flamme ca. 20 Minuten köcheln lassen.
- Die restlichen Zutaten – Zitronengras, Sojaschnetzel, Suppenwürfel, Garam Masala, Currypaste, Kurkuma, Zitronensaft, Ahornsirup und Sojasauce – in die Suppe geben.
- Gegen Ende der Kochzeit die Kokosmilch einrühren. Die Suppe nicht mehr aufkochen lassen!
- Mit Kräutersalz abschmecken.

TIPP: Wenn Suppe übrig bleibt, am nächsten Tag Vollkornspaghetti in reichlich Salzwasser al dente kochen und in der vorgewärmten Suppe noch ein paar Minuten fertig garen. Köstlich!

„Faule Weiber“-Suppe

Zutaten für 2–3 Personen:

7 EL Hartweizen- oder Dinkelgrieß
800 ml Gemüsebrühe
1–2 TL vegane Butter
1 Messerspitze geriebene Muskatnuss
Pfeffer aus der Mühle

2 EL Schnittlauchröllchen
(oder gehackte Petersilie)

„Faule Weiber"-Suppe

Zubereitung

- Den Grieß in einen Topf geben und bei großer Hitze unter ständigem Rühren braun anrösten.

  Hinweis: Zuerst dauert es einige Zeit, bis der Grieß beginnt, Farbe anzunehmen. Dann den Topf von der Herdplatte ziehen und mit der Resthitze den Grieß weiterrösten, bis er mittelbraun geworden ist.

- Mit der Gemüsebrühe zügig ablöschen.
- Ca. 10 Minuten bei schwacher Hitze köcheln lassen.
- Die vegane Butter dazugeben und schmelzen lassen.
- Mit Muskatnuss und Pfeffer würzen.
- Den Schnittlauch über die fertige Suppe streuen.

TIPP: Dieses wirklich einfache Rezept stammt aus Urgroßmutters Zeiten, ist schnell zubereitet und schmeckt durch die Röstaromen einfach köstlich.

Badische Kartoffelsuppe

Zutaten für 2–3 Personen:

500 g Kartoffeln
1 Frühlingszwiebel
1 kleine Karotte
1 Stück Sellerie
1 Zwiebel
1 Knoblauchzehe
1 EL vegane Butter
400 ml Gemüsebrühe
300 ml Sojamilch

1 EL Bohnenkraut
1 Lorbeerblatt
½ TL gemahlener Kümmel
½ TL gemahlener Koriander
½ TL gemahlene Kurkuma
1 Messerspitze geriebene Muskatnuss
1 TL Sojasauce
1 TL Zitronensaft
½ TL Ahornsirup
100 ml Sojasahne (oder Hafercuisine)
Pfeffer aus der Mühle
Kräutersalz
2 EL gehackte Petersilie

Badische Kartoffelsuppe

Zubereitung

- Kartoffeln schälen und in kleine Würfel schneiden.
- Frühlingszwiebel putzen, waschen und in feine Ringe schneiden.
- Karotte und Sellerie schälen und in kleine Würfel schneiden.
- Die Zwiebel und den Knoblauch schälen und klein hacken.
- In einem Topf die vegane Butter schmelzen lassen und die Zwiebelstücke und den Knoblauch darin glasig dünsten.
- Die Kartoffeln, die Frühlingszwiebel, die Karotte und den Sellerie hinzufügen und 3 Minuten mitdünsten.
- Mit der Gemüsebrühe und der Sojamilch ablöschen und auf kleiner Flamme ca. 20 Minuten köcheln lassen.
- Nach und nach die Gewürzzutaten – Bohnenkraut, Lorbeerblatt, Kümmel, Koriander, Kurkuma, Muskatnuss, Sojasauce, Zitronensaft und Ahornsirup – hinzufügen.
- Mit einer Schöpfkelle ca. ¼ der Gemüsewürfel abschöpfen und beiseitestellen. Das Lorbeerblatt entfernen und die Suppe mit einem Passierstab fein pürieren.
- Dann die beiseitegestellten Gemüsewürfel zurück in die Suppe geben.
- Vom Herd nehmen und die Sojasahne unterrühren. Die Suppe nicht mehr aufkochen lassen!
- Mit Pfeffer und Kräutersalz abschmecken und mit Petersilie bestreut servieren.

Champignoncremesuppe

Zutaten für 2–3 Personen:
1 Zwiebel
2 Knoblauchzehen
1 Stück Ingwer (ca. 1 x 1 cm)
250 g Champignons
2 EL vegane Butter
400 ml Gemüsebrühe
100 ml Weißwein
1½ EL Speisestärke
300 ml Sojamilch
1 TL Zitronensaft
½ TL gemahlener Kümmel
½ TL gemahlener Koriander
2 EL Sojasauce
Pfeffer aus der Mühle
Kräutersalz
2 EL gehackte Petersilie
100 ml Sojasahne (oder Hafercuisine)

Champignon-cremesuppe

Zubereitung

- Die Zwiebel, den Knoblauch und den Ingwer schälen und klein hacken.
- Einen Champignon als Garnitur der fertigen Suppe in dünne Scheiben schneiden und beiseitestellen.
- Die restlichen Champignons waschen und in kleine Würfel schneiden.
- Die vegane Butter in einem Topf schmelzen lassen und die Zwiebelstücke, den Knoblauch, den Ingwer und die Champignonwürfel darin 3 Minuten anbraten.
- Mit der Gemüsebrühe und dem Weißwein ablöschen.
- Die Speisestärke mit der Sojamilch glattrühren, hinzufügen und 15 Minuten köcheln lassen.
- Nach und nach die restlichen Gewürzzutaten – Zitronensaft, Kümmel, Koriander und Sojasauce – dazugeben und mit Pfeffer und Kräutersalz abschmecken.
- Am Ende der Kochzeit die Suppe mit dem Passierstab pürieren.
- Die Sojasahne unterrühren und mit den Champignonscheiben und der Petersilie garniert servieren.

Nudelsuppe mit Gemüse

Zutaten für 2–3 Personen:
1 Zwiebel
1 EL vegane Butter
800 ml Gemüsebrühe

600 g Gemüse (nach Saison) z. B.:
Karotten
Brokkoli
Kartoffeln
Blumenkohl
Erbsen
Sellerie etc.

2 EL gehackte Petersilie
2 EL Schnittlauchröllchen
geriebene Muskatnuss
Pfeffer aus der Mühle
70 g Suppennudeln

Nudelsuppe mit Gemüse

Zubereitung

- Zwiebel schälen und klein hacken.
- Gemüse waschen, putzen und in mundgerechte Stücke schneiden.
- In einem Topf die vegane Butter erhitzen und die Zwiebelstücke darin glasig dünsten.
- Mit der Gemüsebrühe ablöschen.
- Das Gemüse hinzufügen und auf kleiner Flamme ca. 25 Minuten köcheln lassen.
- Mit Muskatnuss und Pfeffer abschmecken.
- In der Zwischenzeit die Suppennudeln in reichlich Salzwasser nicht zu weich kochen, abgießen und abtropfen lassen.
- Die Nudeln in die fertige Suppe geben und mit den frischen Kräutern bestreut servieren.

Minestrone

Zutaten für 2–3 Personen:
600–700 g Gemüse (nach Saison) z. B.:
Brokkoli, Knollen- oder Staudensellerie, Petersilienwurzel, Karotten, rote Paprikaschote, Kohl, Rosenkohl, Erbsen etc.
1 Zwiebel
1 Knoblauchzehe
1 EL Tomatenmark
1 EL Olivenöl
1 Dose geschälte, gehackte Tomaten
500 ml Gemüsebrühe
1 Lorbeerblatt
2 Wacholderbeeren
1 Messerspitze Piment
1–2 TL italienische Kräuter
3–5 ganze Pfefferkörner
1 TL Koriandersamen
½ TL Ahornsirup
1 TL Balsamessig
80 g Muschelnudeln (oder 1 kleine Dose weiße Bohnen)
Pfeffer aus der Mühle
Kräutersalz

Minestrone

Zubereitung

- Das Gemüse waschen.
- Brokkoli in Röschen teilen.
- Sellerie, Petersilienwurzel und Möhren schälen und in kleine Würfel schneiden.
- Paprikaschote waschen, längs halbieren, vom Kerngehäuse befreien und in Streifen schneiden.
- Kohl feinnudelig schneiden, waschen und abtropfen lassen bzw. Rosenkohl von den äußeren Blättchen befreien und je nach Größe halbieren oder vierteln.
- Zwiebel und Knoblauch schälen und fein hacken.
- In einer beschichteten Pfanne das Öl erhitzen und die Zwiebelstücke darin kross anbraten.
- Das Tomatenmark hinzufügen und mitrösten. Achtung, dass es nicht anbrennt.
- Mit der Gemüsebrühe ablöschen und die Tomaten und das klein geschnittene Gemüse hinzufügen.
- Das Lorbeerblatt, die Wacholderbeeren, den Piment, die Kräuter, die Pfefferkörner, die Koriandersamen und den Ahornsirup in die Suppe geben und 10 Minuten köcheln lassen.
- Die Muschelnudeln hineinstreuen und in der Suppe al dente kochen.
- Mit Pfeffer und Kräutersalz abschmecken.

Gemüsecremesuppe

Zutaten für 2–3 Personen:
1 Zwiebel
4 Knoblauchzehen
1 Karotte
100 g Sellerie
200 g Kartoffeln
1 Stange Lauch
2 EL vegane Butter
700 ml Gemüsebrühe
1 TL Mehl
2 EL Wasser
50 ml Weißwein
1 Messerspitze gemahlener Kümmel
1 Messerspitze geriebene Muskatnuss
1 TL Zitronensaft
100 ml Sojasahne (oder Hafercuisine)
Pfeffer aus der Mühle
Kräutersalz
2 EL Schnittlauchröllchen

Gemüse-cremesuppe

Zubereitung

- Zwiebel, 3 Knoblauchzehen, Karotte, Sellerie und Kartoffeln schälen und in kleine Würfel schneiden.
- Lauch putzen, der Länge nach halbieren, waschen und in Streifen schneiden.
- Die vegane Butter in einem Topf schmelzen lassen und das klein geschnittene Gemüse hinzufügen und ein paar Minuten andünsten.
- Mit der Gemüsebrühe ablöschen und 25 bis 30 Minuten köcheln lassen.
- Das Mehl mit dem Wasser verrühren und zusammen mit dem Wein in die Suppe geben.
- Die restlichen Gewürzzutaten – Kümmel, Muskatnuss und Zitronensaft – hinzufügen.
- Am Ende der Kochzeit die Suppe mit dem Passierstab sehr fein pürieren und, falls gewünscht, durch ein Sieb streichen.
- Die Sojasahne hinzufügen. Die Suppe noch einmal erwärmen, aber nicht mehr aufkochen lassen.
- Die letzte Knoblauchzehe schälen und mit Hilfe der Knoblauchpresse direkt in die Suppe geben.
- Mit Pfeffer und Kräutersalz abschmecken und mit Schnittlauch garniert servieren.

Deftige Sauerkrautsuppe

Zutaten für 2–3 Personen:
1 Zwiebel
1 Knoblauchzehe
1 EL Tomatenmark
1 EL vegane Butter
700 ml Gemüsebrühe
300 g Sauerkraut aus der Dose
1 Lorbeerblatt
3 Wacholderbeeren
300 g Kartoffeln
1 rote Paprikaschote
½ Dose weiße oder rote Bohnen
100 g Räuchertofu
1 TL edelsüßes Paprikapulver
1 TL Hefeflocken
½ TL Kümmel
1 TL Ahornsirup
1 Messerspitze Chilipulver
50 ml Sojasahne
Pfeffer aus der Mühle
Kräutersalz
1 EL gehackte Petersilie zum Bestreuen

Deftige Sauerkrautsuppe

Zubereitung

- Die Zwiebel und den Knoblauch schälen und grob hacken.
- Die Bohnen in ein Sieb schütten und mit klarem Wasser abspülen.
- In einem Topf die vegane Butter schmelzen lassen und die Zwiebelstücke darin kross anbraten.
- Das Tomatenmark hinzufügen und mitrösten. Achtung, dass es nicht anbrennt.
- Mit der Gemüsebrühe ablöschen.
- Das Sauerkraut in ein Sieb geben, unter fließendem Wasser abspülen, hinzufügen und 10 Minuten köcheln lassen.
- Den Knoblauch, das Lorbeerblatt und die Wacholderbeeren in die Suppe geben.
- Die Kartoffeln schälen und grob raspeln.
- Die Paprikaschote waschen, längs halbieren, vom Kerngehäuse befreien und in Streifen schneiden.
- Den Räuchertofu würfeln.
- Die Kartoffeln, die Paprika, die Bohnen und den Räuchertofu in die Suppe geben und weitere 15 Minuten köcheln lassen.
- Nach und nach die restlichen Gewürzzutaten – Paprikapulver, Hefeflocken, Kümmel, Ahornsirup und Chilipulver – hinzufügen.
- Am Ende der Kochzeit die Sojasahne unterrühren. Die Suppe nicht mehr aufkochen lassen!
- Mit Pfeffer und Kräutersalz abschmecken und mit Petersilie bestreut servieren.
- Dazu Baguette reichen.

Elsässer Zwiebelsuppe

Zutaten für 2–3 Personen:
400 g Zwiebeln
2 Knoblauchzehen
3 EL Olivenöl
700 ml Gemüsebrühe
100 ml trockener Weißwein
1 EL Mehl (Type 405)
2 EL Wasser
2 EL Sojasauce
½ TL gemahlener Kümmel
½ TL gemahlener Koriander
1 TL Kräuter der Provence
(oder Bohnenkraut)
1 TL Zitronensaft
½ TL Ahornsirup
2 EL Sojasahne (oder Hafercuisine)
Pfeffer aus der Mühle
Kräutersalz

Für die „Käsecroutons":
2–3 Scheiben Baguette
2–3 EL veganer Käse
2–3 EL Sojasahne

Elsässer Zwiebelsuppe

Zubereitung

- Zwiebeln schälen und in Streifen schneiden.
- Knoblauch schälen und klein schneiden.
- Das Öl in einem Topf erhitzen und die Zwiebelstreifen darin goldbraun anbraten.
- Den Knoblauch hinzufügen und mit der Gemüsebrühe und dem Weißwein ablöschen.
- Das Mehl mit dem Wasser verrühren und zur Suppe hinzufügen.
- Die restlichen Gewürzzutaten – Sojasauce, Kümmel, Koriander, Kräuter, Zitronensaft und Ahornsirup – in die Suppe geben und 25 Minuten köcheln lassen.
- Die Sojasahne unterrühren. Die Suppe nicht mehr aufkochen lassen!
- Mit Pfeffer und Kräutersalz abschmecken.
- Für die „Käsecroutons“ den veganen Käse mit der Sojasahne vermischen, auf den Baguettescheiben verteilen und unter dem Grill im Backofen bei 220 °C leicht bräunen.
- Die Suppe in Teller schöpfen und die „Käsecroutons“ daraufsetzen.

„Markklößchensuppe“

Zutaten für 2–3 Personen:
1 altbackenes Brötchen vom Vortag
1 knappe Tasse Gemüsebrühe
60 g Räuchertofu
3 EL vegane Butter
60 g Vollkornsemmelbrösel
2 EL Sojamehl (oder Speisestärke)
2 EL Wasser
¼ TL geriebene Muskatnuss
1 Messerspitze Kümmel
1 EL Hefeflocken
¼ TL Kurkuma
3 EL gehackte Petersilie
Pfeffer aus der Mühle
1 TL Kräutersalz
50 g Suppennudeln
1 l Salzwasser
800 ml Gemüsebrühe
2 EL Schnittlauchröllchen zum Bestreuen

Ergibt ca. 24 Klößchen

„Markklößchensuppe“

Zubereitung

- Das Brötchen in feine Würfel schneiden und in einer Schüssel mit der Gemüsebrühe übergießen und einweichen.
- Den Räuchertofu klein würfeln und mit einer Gabel fein zerdrücken oder mit dem Passierstab pürieren.
- Die vegane Butter in einem Topf schmelzen lassen.
- Die Brötchen mit den Händen gut ausdrücken.
- Den Räuchertofu, die Butter und die Semmelbrösel in die Schüssel geben und mit dem eingeweichten Brötchen vermischen.
- Das Sojamehl mit dem Wasser verrühren und ebenfalls untermischen.
- Die restlichen Gewürzzutaten – Muskatnuss, Kümmel, Hefeflocken, Kurkuma und Petersilie – unterrühren und mit Pfeffer und Kräutersalz abschmecken. Den Teig abgedeckt ca. 10 Minuten durchziehen lassen.
- Bei Bedarf kann die Teigmasse mit dem Passierstab püriert werden.
- Die Suppennudeln in reichlich Salzwasser al dente kochen und abgießen.
- Mit angefeuchteten Händen aus dem Teig Klößchen formen.
- Ist der Teig nicht fest genug, noch etwas Semmelbrösel daruntermischen.
- Das Salzwasser einmal aufkochen lassen und die Klößchen bei mittlerer Hitze ca. 15 Minuten ziehen lassen. Achtung: Das Wasser darf nicht sprudelnd kochen – die Klößchen könnten sonst zerfallen!
- Die Gemüsebrühe erhitzen und Klößchen und Suppennudeln darin mit Schnittlauch bestreut servieren.

Tiroler Gerstensuppe

Zutaten für 2–3 Personen:
1 Zwiebel
1 Knoblauchzehe
1 Karotte
1 Petersilienwurzel
1 Stängel Staudensellerie
1 Stange Lauch
1 EL vegane Butter
800 ml Gemüsebrühe
50 g Gerstengraupen
1 Lorbeerblatt
1 Kartoffel
½ TL Fenchelsamen
1 Messerspitze gemahlener Kümmel
1 Messerspitze geriebene Muskatnuss
1 TL Zitronensaft
¼ Bund Petersilie
Pfeffer aus der Mühle
Kräutersalz
2 EL Schnittlauchröllchen

Tiroler Gerstensuppe

Zubereitung

- Die Zwiebel, die Knoblauchzehe, die Karotte und die Petersilienwurzel schälen und in Würfel schneiden.
- Den Staudensellerie waschen und ebenso klein schneiden.
- Den Lauch putzen, der Länge nach halbieren, waschen und in Streifen schneiden.
- In einem Topf die vegane Butter schmelzen lassen und das Gemüse darin ein paar Minuten andünsten.
- Mit der Gemüsebrühe ablöschen. Die Gerste und das Lorbeerblatt dazugeben und alles ca. 30 Minuten auf kleiner Flamme köcheln lassen.
- Die Kartoffel schälen, in kleine Würfel schneiden und nach 30 Minuten zusammen mit den restlichen Gewürzzutaten – Fenchelsamen, Kümmel, Muskatnuss und Zitronensaft – in die Suppe geben und weitere 15 bis 20 Minuten köcheln lassen.
- Am Ende der Garzeit die Petersilie waschen, klein hacken und hinzufügen und mit Pfeffer und Kräutersalz abschmecken.
- Mit Schnittlauch garniert servieren.

Schmackhafte Wirsingsuppe

Zutaten für 2–3 Personen:
300 g Wirsing
200 g Kartoffeln
1 Zwiebel
1 EL Tomatenmark
3 EL Olivenöl
700 ml Gemüsebrühe
50 ml trockener Weißwein
2 Knoblauchzehen
6 braune Champignons
3 getrocknete Tomatenstücke
6 Walnusskerne
100 g Räuchertofu
½ TL Kümmel
1 TL Zitronensaft
½ TL Ahornsirup
125 ml Sojasahne (oder Hafercuisine)
Pfeffer aus der Mühle
Kräutersalz
50 g geriebener veganer Käse
zum Bestreuen

Schmackhafte Wirsingsuppe

Zubereitung

- Den Wirsing halbieren und von den äußeren Blättern und vom Strunk befreien.
- Wirsing waschen und in mundgerechte Stücke schneiden.
- Die Kartoffeln schälen und in Würfel schneiden.
- Champignons putzen und vierteln.
- Zwiebel und Knoblauch schälen und fein hacken.
- In einem Topf das Öl erhitzen und die Zwiebelstücke darin zusammen mit einer Handvoll Wirsing goldbraun anbraten.
- Das Tomatenmark hinzufügen und miträsten.
  Achtung, dass es nicht anbrennt.
- Mit der Gemüsebrühe und dem Weißwein ablöschen.
- Den restlichen Wirsing, den Knoblauch, die Kartoffeln und die Champignons hinzufügen.
- Die getrockneten Tomaten klein schneiden, die Walnusskerne grob hacken und den Räuchertofu in Würfel schneiden. Alle drei Zutaten in die Suppe geben.
- Nach und nach die restlichen Gewürzzutaten – Kümmel, Zitronensaft und Ahornsirup – hinzufügen und die Suppe ca. 30 Minuten köcheln lassen.
- Am Ende der Kochzeit die Sojasahne unterrühren und mit Pfeffer und Kräutersalz abschmecken.
- Die Suppe servieren und nach Geschmack mit geriebenem veganem Käse bestreuen.

Beilagen

Blätterteig-Spinat-Taschen

Zutaten für 2–3 Personen:
200 g tiefgekühlter Blattspinat
1 Zwiebel
1 EL Olivenöl
2 EL Wasser
½ TL Gemüsebrühpulver
4 getrocknete Tomatenstücke
6–8 Walnusshälften
1 Messerspitze geriebene Muskatnuss
1 Messerspitze Kümmel
2 EL gehackte Petersilie
1 EL Zitronensaft
1 EL Sojasahne
Pfeffer aus der Mühle
Kräutersalz
3 Scheiben Blätterteig
1 EL Olivenöl

Blätterteig-Spinat-Taschen

Zubereitung

- Den Blätterteig aus dem Kühlschrank nehmen.
- Die Zwiebel in feine Würfel schneiden.
- Das Öl in einem Topf erhitzen und die Zwiebelwürfel darin goldgelb andünsten.
- Den Spinat hinzufügen und zusammen mit dem Wasser und dem Gemüsebrühpulver langsam erwärmen.
- Die getrockneten Tomaten klein schneiden, die Walnusskerne grob hacken und beides zusammen mit den restlichen Zutaten – Muskatnuss, Kümmel, Petersilie, Zitronensaft und Sojasahne – zum Spinat hinzufügen und ein paar Minuten leicht köcheln lassen.
- Mit Pfeffer und Kräutersalz abschmecken und etwas abkühlen lassen.
- Den Backofen auf 200 °C vorheizen.
- Die Blätterteigscheiben halbieren und auf jedes Viereck einen Esslöffel der abgekühlten und leicht ausgedrückten Spinatfüllung geben.
- Die Teigränder mit Wasser anfeuchten, die Teigscheiben zu einer dreieckigen Tasche umschlagen und die Ränder mit einer Gabel zusammendrücken.
- Die Spinattaschen auf ein mit Backpapier ausgelegtes Backblech setzen und mit Öl bestreichen.
- Im vorgeheizten Backofen ca. 25 Minuten goldbraun backen.

TIPP: Dazu schmeckt ein frischer grüner Salat oder ein Tomatensalat.

Bubble-and-Squeak-Resteessen

Zutaten für 2–3 Personen:
300 g mehlig kochende Kartoffeln
1 Zwiebel
3 EL vegane Butter
200 g Wirsing (oder Rosenkohl)
50 ml Wasser
1 TL Gemüsebrühpulver
1 Messerspitze Kümmel
1 Messerspitze geriebene Muskatnuss
Pfeffer aus der Mühle
Kräutersalz
4 EL Olivenöl

Bubble-and-Squeak-Resteessen

Zubereitung

- Die Kartoffeln putzen und mit Schale in Salzwasser nicht zu weich kochen.
- Die Zwiebel fein hacken und den Wirsing in feine Streifen schneiden.
- 1 Esslöffel vegane Butter in einer Pfanne erhitzen und die Zwiebelstücke darin goldbraun anbraten.
- Den Wirsing hinzufügen und 2 bis 3 Minuten mitanbraten. Mit dem Wasser ablöschen.
- Das Gemüsebrühpulver und den Kümmel hinzufügen und abgedeckt auf kleiner Flamme 10 Minuten schmoren lassen.
- Anschließend die Kartoffeln abgießen, mit kaltem Wasser abschrecken, pellen, würfeln und mit 2 Esslöffel veganer Butter, Muskatnuss, Pfeffer und Kräutersalz in eine Schüssel geben und zerstampfen.
- Den Wirsing hinzufügen, mit dem Kartoffelpüree vermischen und nach Geschmack mit Kräutersalz und Pfeffer abschmecken.
- 2 Esslöffel Öl in einer beschichteten Pfanne erhitzen, die Kartoffel-Wirsing-Mischung hinzufügen, mit einem Löffel gleichmäßig verteilen und glatt streichen.
- Den Gemüsekuchen bei mittlerer Hitze ca. 10 bis 15 Minuten backen, bis die Unterseite goldbraun ist.
- Dann auf einen Teller stürzen.
- Das restliche Öl erhitzen und den Kuchen zurück in die Pfanne gleiten lassen und die andere Seite ebenfalls 10 bis 15 Minuten goldbraun ausbacken.
- In „Kuchenstücke" geteilt servieren.

TIPP: Diese Beilage wird, zusammen mit einem grünen Salat, zu einem eigenständigen, wohlschmeckenden Hauptgericht.

Falafel

Zutaten für 2–3 Personen:
2 EL Bulgur (oder Semmelbrösel)
4–5 EL Gemüsebrühe
1 Dose Kichererbsen
2–3 EL Gemüsebrühe
1 kleine Zwiebel
1 Knoblauchzehe
1 EL gehackte Petersilie (oder Korianderkraut)
½ TL gemahlener Kreuzkümmel
1 TL gemahlener Koriander
1 TL Zitronensaft
80 g Kichererbsenmehl
Pfeffer aus der Mühle
Kräutersalz
Öl oder Kokosfett zum Frittieren oder Braten

Falafel

Zubereitung

- Den Bulgur in einer Tasse mit heißer Gemüsebrühe übergießen und quellen lassen. Dann in einem Sieb abtropfen lassen.
- Die Kichererbsen abgießen und mit etwas Gemüsebrühe in einer Küchenmaschine oder im Mixer pürieren.
- Die Zwiebel und den Knoblauch fein würfeln und zusammen mit der Petersilie, dem abgetropften Bulgur und den Gewürzzutaten – Kreuzkümmel, Koriander, Zitronensaft und Kichererbsenmehl – zu den Kichererbsen hinzufügen. Alles noch einmal pürieren und mit Pfeffer und Kräutersalz abschmecken.
- Mit angefeuchteten Händen Bällchen formen.
- In einen kleinen Topf ca. 5 cm hoch Öl geben, erhitzen und die Bällchen darin bei mittlerer Hitze portionsweise knusprig frittieren.
  Alternativ etwas Öl in einer beschichteten Pfanne erhitzen und die Bällchen anbraten.

TIPP: Zu den frittierten Kichererbsenbällchen passt wunderbar Hummus (eine orientalische Spezialität aus pürierten Kichererbsen und Sesammus), ein grüner Salat oder ein „Joghurt"-Dip.

Grünkernfrikadellen

Zutaten für 2–3 Personen:
100 g Grünkernschrot
200 ml Gemüsebrühe
1 Zwiebel
½ Karotte
2 getrocknete Tomatenstücke
1 EL Haferflocken
1 EL Vollkornsemmelbrösel
1 EL Sojasauce
1 EL Tomatenmark
1 TL edelsüßes Paprikapulver
1 EL Majoran
½ TL gemahlener Kümmel
1 TL gemahlener Koriander
1 TL Hefeflocken
1 TL Senf
1 EL Sojamehl
Pfeffer aus der Mühle
Kräutersalz
Kokosfett (oder Olivenöl)

Grünkern-frikadellen

Zubereitung

- Die Gemüsebrühe in einem Topf zum Kochen bringen und den Grünkernschrot mit dem Schneebesen einrühren. Vom Herd nehmen und ausquellen lassen.
- Die Zwiebel schälen und fein hacken.
- Die Karotte schälen und fein raspeln.
- Die getrockneten Tomaten in kleine Würfel schneiden und zusammen mit den Zwiebelstücken und der Karotte in eine Schüssel geben.
- Mit den restlichen Zutaten – Haferflocken, Vollkorn-semmelbrösel, Sojasauce, Tomatenmark, Paprikapulver, Majoran, Kümmel, Koriander, Hefeflocken, Senf und Sojamehl – vermischen.
- Den abgekühlten Grünkernschrot hinzufügen und mit den Händen durchkneten.
- Mit Pfeffer und Kräutersalz kräftig abschmecken.
- Mit angefeuchteten Händen Bratlinge formen.
- In einer beschichteten Pfanne das Fett erhitzen und die veganen Frikadellen von beiden Seiten goldbraun und knusprig braten.

TIPP: Zusammen mit einem Salatblatt, Tomaten, Zwiebelringen, etwas Tomatenketchup oder veganer Mayonnaise und einem Brötchen kann man mit diesen Grünkernfrikadellen leckere „Hamburger" zaubern.
Sie sind auch eine tolle Ergänzung vieler Gemüsegerichte.

Feine Grießnocken

Zutaten für 2–3 Personen:
100 g Weizengrieß
1 EL vegane Butter
150 ml Gemüsebrühe
150 ml Sojamilch
2 EL Sojamehl
1 Messerspitze geriebene Muskatnuss
1 EL gehackte Petersilie
Kräutersalz

Feine Grießnocken

Zubereitung

- Die vegane Butter in einem Topf erhitzen und mit der Gemüsebrühe und der Sojamilch ablöschen.
- Den Grieß unter ständigem Rühren hinzufügen und auf kleiner Flamme 10 Minuten zugedeckt ausquellen lassen, dabei immer wieder umrühren.
- Mit Muskatnuss und Kräutersalz abschmecken.
- Vom Herd nehmen und etwas auskühlen lassen.
- 1 Esslöffel Sojamehl mit etwas Wasser anrühren und zusammen mit der Petersilie unter den Grieß mischen.
- Mit zwei angefeuchteten Löffeln Nocken abstechen oder mit feuchten Händen Knödel formen.
- Das Salzwasser einmal aufkochen lassen und dann die Hitze auf mittlere Stufe reduzieren.
- Die Nocken darin ca. 10 bis 15 Minuten ziehen lassen.

TIPP: Die Grießnocken können als Beilage oder als Suppeneinlage verwendet werden.

Badische Kartoffelpuffer

Zutaten für 2–3 Personen:
700 g festkochende Kartoffeln
1 Bund Frühlingszwiebeln
(oder eine Stange Lauch)
50 g Vollkornmehl
1–2 EL Haferflocken
1 TL Gemüsebrühpulver
Pfeffer aus der Mühle
Kräutersalz
Olivenöl

Badische Kartoffelpuffer

Zubereitung

- Neue Kartoffeln unter fließendem Wasser abbürsten und mit Schale auf einer Gemüsereibe fein reiben. Ältere Kartoffeln waschen, schälen und dann fein reiben.
- Den Backofen auf 100 °C vorheizen.
- Frühlingszwiebeln putzen, waschen und in Ringe schneiden. Zusammen mit dem Mehl, den Haferflocken und dem Gemüsebrühpulver zur Kartoffelmasse geben und gut durchmischen.
- Mit Pfeffer und Kräutersalz herzhaft abschmecken.
- Das Öl in einer beschichteten Pfanne erhitzen und je einen gehäuften Esslöffel der Kartoffelmasse zu einem dünnen Puffer formen.
- Warten, bis die erste Seite schön braun und knusprig ist. Dann den Puffer wenden und die zweite Seite ausbacken.
- Die fertigen Kartoffelpuffer im vorgeheizten Backofen warm halten.

TIPP: Dazu passt prima ein veganer „Joghurt"-Kräuter-Dip und ein frischer grüner Salat. Die Kartoffelpuffer passen ebenso als Beilage zu gedämpftem Gemüse oder natürlich auch zu Apfelmus.

Selbstgemachte Nudel-Variationen

Zutaten für 2–3 Personen:
150 g Dinkelvollkornmehl (Type 1050)
100 g Dinkelvollkorngrieß
2 EL Olivenöl
1 gestrichener TL Salz
125 ml Wasser

Selbstgemachte Nudel-Variationen

Zubereitung

- Das Weizenmehl mit dem Hartweizengrieß und dem Salz in eine Schüssel geben und vermischen.
- Das Öl und das Wasser dazugeben und während ca. 10 Minuten mit den Händen oder ca. 5 Minuten mit den Knethaken des Handrührgeräts einen geschmeidigen aber festen Teig kneten.
- Den Teig mit Klarsichtfolie abdecken und mindestens 2 Stunden bei Zimmertemperatur ruhen lassen.
- Nach und nach in mehreren Portionen auf einer bemehlten Fläche dünn ausrollen.
- Für die Variation „Bandnudeln" Streifen mit der gewünschten Breite schneiden.
- Für „Ravioli" den Teig in Rechtecke schneiden.
  Für „Tortellini" runde Teigkreise ausstechen.
  Je nach Größe 1 Teelöffel oder 1 Esslöffel der Füllung (z. B. Spinat) auf den Nudelteig setzen.
  Die Teigränder mit Wasser anfeuchten, die Teigscheiben zu einer Tasche umschlagen und die Ränder mit einer Gabel fest zusammendrücken.
- Die Nudeln in kochendem Salzwasser 4 bis 6 Minuten bissfest garen.

Pfannkuchen herzhaft oder süß

Zutaten für 2–3 Personen:
150 g Weizenmehl (Type 405)
1 EL Sojamehl
½ TL Backpulver
200 ml Sojamilch
150 ml Mineralwasser mit Kohlensäure
½ TL Salz

Für die herzhafte Variante zusätzlich:
½ TL Kräutersalz und
1 EL Schnittlauchröllchen

Für die süße Variante zusätzlich:
1 TL Zucker

Sonnenblumenöl zum Braten

Pfannkuchen herzhaft oder süß

Zubereitung

- Das Weizen- und Sojamehl zusammen mit dem Backpulver und dem Salz vermischen.
- Die Sojamilch und das Mineralwasser hinzufügen und mit dem Schneebesen zu einem glatten Teig verrühren.
- Für die herzhafte Variante den Schnittlauch hinzufügen und mit Kräutersalz würzen, für die süße Variante den Zucker hinzufügen.
- Den Pfannkuchenteig 30 Minuten ausquellen lassen.
- Wenn der Teig zu dickflüssig ist, mit Mineralwasser verdünnen
- Den Backofen auf 80 °C vorheizen.
- 1 Esslöffel Öl in einer beschichteten Pfanne erhitzen und mit einer Schöpfkelle einen Teil des Teiges hinzufügen und gleichmäßig verteilen.
- Den Pfannkuchen von beiden Seiten goldgelb ausbacken und im Backofen warm halten.
- Mit dem restlichen Teig gleich verfahren.
- <u>Zur herzhaften Variante</u> passt z. B. eine Pilzsauce.
- <u>Die süße Variante</u> kann mit Marmelade, Apfelmus oder einem anderen süßen Aufstrich serviert werden.

Polenta-Variationen

Zutaten für 2–3 Personen:
125 g Maisgrieß
250 ml Gemüsebrühe
250 ml Sojamilch
1 EL vegane Butter
¼ TL Messerspitze geriebene Muskatnuss
1–2 EL gehackte Petersilie
Pfeffer aus der Mühle
1 TL Kräutersalz
Olivenöl zum Braten

Polenta-Variationen

Zubereitung

- Die Gemüsebrühe zusammen mit der Sojamilch, der veganen Butter, Muskatnuss, Pfeffer und dem Kräutersalz zum Kochen bringen.
- Die Hitze auf die kleinste Stufe reduzieren und unter ständigem Rühren den Maisgrieß mit einem Schneebesen langsam in die gewürzte Brühe rieseln lassen.
- Vom Herd nehmen und zugedeckt ca. 10 Minuten ausquellen lassen.
- Die Petersilie unterrühren und mit Kräutersalz abschmecken.
- <u>Variation 1</u>: Die Polenta wie Kartoffelbrei zum Essen servieren oder Nocken daraus formen.
- <u>Variation 2</u>: Die Polenta ca. 1 cm dick auf ein Backblech streichen und mindestens 1 Stunde auskühlen lassen, bis sie fest geworden ist. Dann Dreiecke oder Vierecke ausschneiden oder Taler ausstechen und in heißem Olivenöl auf beiden Seiten goldbraun anbraten.

„Rahmkartoffeln“

Zutaten für 2–3 Personen:
800 g Kartoffeln
1 TL Kümmel
1 große Zwiebel
2 EL vegane Butter
2 EL Mehl
250 ml Sojamilch
150 ml Sojasahne
1 EL Hefeflocken
1 TL Gemüsebrühpulver
½ TL Senf
1 TL Zitronensaft
1 Messerspitze geriebene Muskatnuss
1 Messerspitze gemahlene Kurkuma
1 EL gehackte Petersilie
Pfeffer aus der Mühle
Kräutersalz
100 g geriebener veganer Käse

„Rahmkartoffeln"

Zubereitung

- Die Kartoffeln putzen und mit Schale zusammen mit dem Kümmel 20 Minuten kochen.
- Die Kartoffeln abgießen, mit kaltem Wasser abschrecken, schälen und in Scheiben schneiden.
- Den Backofen auf 250 °C vorheizen.
- Eine Auflaufform fetten und die Kartoffelscheiben in die Form schichten. Jede Schicht dünn mit Pfeffer und Kräutersalz bestreuen.
- Die Zwiebel schälen und in kleine Würfel schneiden.
- Die vegane Butter in einem Topf erhitzen und die Zwiebelwürfel darin goldbraun anbraten. Das Mehl dazugeben und mit der Sojamilch ablöschen.
- Die Gewürzzutaten – Hefeflocken, Gemüsebrühpulver, Senf, Zitronensaft, Muskatnuss und Kurkuma – dazugeben.
- Vom Herd nehmen und die Sojasahne unterrühren.
- Mit Pfeffer und Kräutersalz abschmecken und zum Schluss die Petersilie unterrühren.
- Die Sauce gleichmäßig über die Kartoffeln gießen und mit dem geriebenen veganen Käse bestreuen.
- Im vorgeheizten Backofen ca. 15 Minuten goldbraun backen.

Rosmarinkartoffeln mit Knoblauch „im Schlafrock“

Zutaten für 2–3 Personen:
800 g neue Kartoffeln
3–4 Rosmarinzweige
3–4 EL Olivenöl
6–8 Knoblauchzehen
1 TL edelsüßes Paprikapulver
1 EL Zitronensaft
3 EL Weißwein
20 ml Gemüsebrühe
Kräutersalz

Rosmarinkartoffeln mit Knoblauch „im Schlafrock“

Zubereitung

- Den Backofen auf 200 °C vorheizen.
- Kartoffeln unter fließendem Wasser abbürsten und längs halbieren.
- Die Rosmarinnadeln von den Zweigen abstreifen und grob hacken.
- Ein Backblech mit Öl bestreichen und den Rosmarin darauf verteilen.
- Das Backblech mit Kräutersalz bestreuen.
- Die Kartoffeln und die ungeschälten Knoblauchzehen in eine Schüssel geben und mit dem Paprikapulver und 2 Esslöffel Öl vermischen.
- Die Kartoffeln mit der Schnittfläche nach unten auf das Blech legen und den Knoblauch dazwischen verteilen.
- Die Flüssigkeiten – Zitronensaft, Weißwein und Gemüsebrühe – mischen und über die Kartoffeln träufeln.
- Im vorgeheizten Backofen ca. 40 Minuten backen.

Rustikales „Omelette“

Zutaten für 2–3 Personen:
1 Zwiebel
1 Knoblauchzehe
3–4 EL Olivenöl
1 Tomate
2 Champignons
80 g Oliven ohne Kern
1 EL Kräuter der Provence
(oder Oregano oder Thymian)
50 g Vollkornmehl
2 EL Speisestärke
1 EL Kichererbsenmehl
2 Kartoffeln
2 EL Tomatenmark
125 ml Sojamilch
½ TL gemahlene Kurkuma
1–2 EL gehackte Petersilie
50 g geriebener veganer Käse
Pfeffer aus der Mühle
Kräutersalz

Rustikales „Omelette“

Zubereitung

- Die Zwiebel und den Knoblauch schälen und klein hacken.
- 2 Esslöffel Öl in einer beschichteten Pfanne erhitzen und die Zwiebelstücke darin goldbraun anbraten.
- Die Tomate und die Champignons waschen.
  Die Tomate vom Stielansatz befreien.
  Tomate und Champignons in Würfel bzw. Scheiben schneiden und zusammen mit dem Knoblauch in die Pfanne zu den Zwiebelstücken geben und auf kleiner Flamme ein paar Minuten köcheln lassen.
- Die Oliven in dünne Scheiben schneiden und mit den Kräuter der Provence zum Gemüse hinzufügen. Die Pfanne vom Herd nehmen.
- Das Mehl mit der Speisestärke und dem Kichererbsenmehl in einer Schüssel mischen.
- Die Kartoffeln schälen, grob raspeln und zusammen mit dem Tomatenmark in die Schüssel mit dem Mehl geben.
- Die Sojamilch unterrühren.
- Das Gemüse, die Petersilie, das Kurkumapulver und den geriebenen veganen Käse unterheben und mit Pfeffer und Kräutersalz kräftig abschmecken.
- Das restliche Öl in einer beschichteten Pfanne erhitzen und den ganzen Omeletteteig hineingeben.
- Auf kleiner Flamme langsam stocken lassen.
- Wenn die Unterseite goldbraun ist, das Omelette wenden und die zweite Seite ebenfalls goldbraun braten.

TIPP: Dazu passt ein grüner Salat.

Schwäbische Spätzle mit oder ohne „Käse“

Zutaten für 2–3 Personen:
300 g Mehl
30 g Sojamehl
300 ml Sojamilch
1 Messerspitze geriebene Muskatnuss
1 Messerspitze gemahlene Kurkuma
½ - 1 TL Salz

1 Zwiebel
1 EL Olivenöl

<u>Für die „Käsespätzle“ zusätzlich:</u>
2 EL vegane Butter
60 ml Gemüsebrühe
60 ml Sojasahne
30–50 g geriebener veganer Käse
Pfeffer aus der Mühle
Salz

Schwäbische Spätzle mit oder ohne „Käse“

Zubereitung

- Das Mehl in eine Schüssel sieben und mit dem Sojamehl vermischen.
- Muskatnuss, Kurkuma und Salz dazugeben und mit der Sojamilch zu einem glatten Teig verarbeiten und 10 Minuten abgedeckt ruhen lassen.
- Den Backofen auf 100 °C vorheizen.
- Den Teig portionsweise mit einem Spätzlehobel in kochendes Salzwasser reiben. Alternativ den Teig auf einem Kunststoffbrett dünn verteilen und mit einem Messer oder Teigschaber vom Brett schaben.
- Die Spätzle einmal aufkochen lassen, mit dem Schaumlöffel herausnehmen. Kurz mit kaltem Wasser abschrecken, abtropfen lassen und im vorgeheizten Backofen zugedeckt in einer feuerfesten Form solange warm halten, bis der ganze Teig verarbeitet ist.
- In der Zwischenzeit die Zwiebel in dünne Scheiben schneiden.
- Das Öl in einer beschichteten Pfanne erhitzen und die Zwiebelscheiben goldbraun andünsten. Mit Kräutersalz bestreuen und vor dem Servieren auf den Spätzle verteilen.

TIPP: Dazu passt eine braune Sauce (z. B. Pilzsauce), Räuchertofu und Gemüse (z. B. Karotten oder Spinat).

- Für die „Käsespätzle“ werden je ca. 60 ml Gemüsebrühe und Sojasahne erhitzt und der vegane Käse dazugegeben.
- Zum Schluss die Spätzle hinzufügen und mit Pfeffer und Salz abschmecken.
- Auch die „Käsespätzle“ werden traditionell zusammen mit gerösteten Zwiebeln serviert.

TIPP: Dazu passt ein frischer grüner Salat.

Semmelknödel-Variationen

Zutaten für 2–3 Personen:
250 g trockene Brötchen
1 Zwiebel
50 g vegane Butter
2–3 EL gehackte Petersilie
1 EL Vollkornsemmelbrösel
1 Messerspitze geriebene Muskatnuss
1 EL Sojamehl
1 EL Weizenmehl
200 ml Sojamilch
Pfeffer aus der Mühle
1½ TL Kräutersalz

Gehackte Petersilie zum Bestreuen

Für die Waldpilzknödel:
20 g getrocknete Waldpilze
1 Messerspitze Kümmel
1 TL Oregano

Für die „Speckknödel":
50 ml heiße Gemüsebrühe
4 TL Rote-Bete-Saft
2 TL Flüssigrauch
2 TL Sojasauce
¼ TL Kümmel
1 TL Majoran
20 g feine Sojaschnetzel
2 EL Olivenöl

Ergibt je nach Größe 6 bis 8 Knödel

Semmelknödel-Variationen

Zubereitung

- Die Brötchen in kleine Würfel schneiden und in eine Schüssel geben.
- Die Zwiebel schälen und in kleine Würfel schneiden.
- Das Soja- und Weizenmehl mit der Sojamilch anrühren.
- Die vegane Butter in einem Topf erhitzen und die Zwiebelwürfel darin goldgelb anbraten.
- Vom Herd nehmen, mit der Sojamilch ablöschen und über die Brötchenwürfel gießen.
- Alle übrigen Zutaten – Petersilie, Semmelbrösel, Muskatnuss, Pfeffer und Kräutersalz – ebenfalls hinzufügen.
- Alle Zutaten gut vermischen und abgedeckt 30 Minuten durchziehen lassen.
- Wenn der Teig zu feucht ist, noch ein bis zwei Esslöffel Semmelbrösel hinzufügen.
- Mit angefeuchteten Händen Knödel formen und 15 Minuten bei mittlerer Hitze in Salzwasser garen.
- Mit einem Schaumlöffel herausnehmen und mit Petersilie bestreut servieren.

- Variation 1: Waldpilzknödel
  Die getrockneten Waldpilze in Wasser einweichen und dann das Wasser abgießen. Pilze klein schneiden und zusammen mit 1 Messerspitze Kümmel und 1 Teelöffel Oregano zur Knödelmasse hinzufügen.

- Variation 2: „Speckknödel"
  In einer kleinen Schüssel Gemüsebrühe, Rote-Bete-Saft, Flüssigrauch, Sojasauce, Kümmel und Majoran verrühren, 20 g feine Sojaschnetzel hinzufügen und ca. 10 Minuten durchziehen lassen. Das Öl in einer beschichteten Pfanne erhitzen und den „Speck" unter ständigem Rühren ein paar Minuten kross anbraten und dann unter die Knödelmasse mischen.

Linsentaler

Zutaten für 2–3 Personen:
150 g rote oder braune Linsen
¼ TL Fenchelsamen
½ TL gemahlener Kreuzkümmel
½ TL gemahlener Koriander
1 Zwiebel
2 Knoblauchzehen
1 Karotte
1 TL Majoran
1 EL Sojamehl
3 EL kalte Gemüsebrühe
Pfeffer aus der Mühle
Kräutersalz
4 EL Olivenöl

Variation:
Sesamsamen

Linsentaler

Zubereitung

- Die Linsen über Nacht in Wasser einweichen.
  Alternativ die Linsen weich kochen.
  Rote Linsen ca. 15 Minuten, braune Linsen ca. 45 Minuten.
- Am nächsten Tag die Linsen abgießen und gut abtropfen lassen.
- In eine tiefe Schüssel geben und mit dem Passierstab fein pürieren.
- In einer beschichteten Pfanne die Fenchelsamen, den Kreuzkümmel und den Koriander leicht anrösten und auf einem Teller beiseitestellen.
- Den Backofen auf 100 °C vorheizen.
- Die Zwiebel, den Knoblauch und die Karotte schälen und in kleine Würfel schneiden.
- 1 Esslöffel Öl in einer beschichteten Pfanne erhitzen und die Zwiebelwürfel, den Knoblauch und die Karottenwürfel goldbraun anbraten.
- Das Gemüse, die gerösteten Gewürze und den Majoran zu den pürierten Linsen hinzufügen und mit einem Löffel unterrühren.
- Das Sojamehl mit der kalten Gemüsebrühe anrühren und ebenfalls mit den Linsen gut vermischen.
- Mit Pfeffer und Kräutersalz herzhaft abschmecken.
- 1 Esslöffel Öl in einer beschichteten Pfanne erhitzen und je einen Esslöffel der Linsenmischung in die Pfanne geben und mit dem Löffelrücken zu runden Talern formen und glatt streichen.
- Für die Sesamvariante mit feuchten Händen Taler formen und diese in Sesamsamen wenden.
- Taler von beiden Seiten ca. 3 bis 4 Minuten goldbraun braten, auf einen Teller legen und im Backofen warm halten.

TIPP: Dazu passen glacierte Karotten mit Petersilie und Salzkartoffeln.

Saucen und Dips

Pfeffer-„Rahmsauce"

Zutaten für 2–3 Personen:
2 Schalotten
2 Knoblauchzehen
½ Karotte
15 g Mehl
1 EL Tomatenmark
2 EL vegane Butter
100 ml Rotwein
150 ml Wasser
1 TL Gemüsebrühpulver
½ Lorbeerblatt
1 Rosmarinzweig
10 getrocknete Pfefferkörner
½ TL Piment
1 TL Ahornsirup
1 TL Sojasauce
75–100 ml Sojasahne
2 TL eingelegter grüner Pfeffer
Salz

Pfeffer-„Rahmsauce“

Zubereitung

- Die Schalotten, den Knoblauch und die Karotte schälen und grob hacken.
- Das Mehl in einem Topf ohne Fett und unter ständigem Rühren dunkelbraun anschwitzen und auf einem Teller beiseitestellen.
- Im selben Topf die vegane Butter erwärmen (Achtung, der Topf ist nach dem Mehlanschwitzen sehr heiß) und die Schalotten darin goldgelb anbraten.
- Das Tomatenmark hinzufügen und ebenfalls 1 bis 2 Minuten mitanbraten. Achtung, dass es nicht anbrennt.
- Das angeröstete Mehl zurück in den Topf geben, mit dem Schneebesen unterrühren und langsam zuerst das Wasser, dann den Rotwein hinzufügen.
- Das Gemüsebrühpulver, den Knoblauch, die Karotte, das Lorbeerblatt, den Rosmarinzweig, die getrockneten Pfefferkörner, den Piment, den Ahornsirup und die Sojasauce hinzufügen und eine Stunde auf kleiner Flamme köcheln lassen.
- Am Ende der Kochzeit die Sauce durch ein Sieb streichen, zurück in den Topf geben und die Sojasahne und die eingelegten grünen Pfefferkörner hinzufügen und mit Salz abschmecken.

Rote scharfe Sauce (kalt)

Zutaten für 2–3 Personen:
2 Knoblauchzehen
1 Schalotte
1 rote Chilischote
1 gekochte Pellkartoffel
4 Basilikumblätter
2 EL Tomatenmark
1 TL edelsüßes Paprikapulver
½ TL Ahornsirup
1 TL Balsamessig
1–1½ TL Kräutersalz
25 ml Olivenöl

Rote scharfe Sauce (kalt)

Zubereitung

- Die Knoblauchzehen und die Schalotte schälen und grob hacken.
- Die Chilischote waschen, längs halbieren, entkernen und in Scheiben schneiden.
- Die Pellkartoffel schälen und in Würfel schneiden.
- Die Basilikumblätter klein schneiden.
- Alle Zutaten – Knoblauch, Schalotte, Chilischote, Kartoffel, Basilikum, Tomatenmark, Paprikapulver, Ahornsirup, Balsamessig, Kräutersalz und Olivenöl – in eine hohe Schüssel geben und mit dem Passierstab zu einer Paste verarbeiten.

TIPP: Diese Würzsauce passt wunderbar zu Ofenkartoffeln (Kartoffeln ungeschält vierteln, mit Olivenöl einstreichen und mit Paprikapulver und Kräutersalz bestäuben. Im vorgeheizten Backofen bei 200 °C 30 Minuten backen).

Morchel-„Rahmsauce“

Zutaten für 2–3 Personen:
20 g getrocknete Morcheln
1 kleine Zwiebel
1 EL vegane Butter
80 ml Sherry oder Portwein (oder Weißwein)
250 g Sojasahne (oder Hafercuisine)
½ TL Garam Masala
1 Messerspitze Kümmel
Pfeffer aus der Mühle
Salz
Chilipulver

Morchel-„Rahmsauce“

Zubereitung

- Die getrockneten Morcheln 1 Stunde in Wasser einweichen.
- Danach das Einweichwasser durch einen Papierfilter gießen und auffangen.
- Die Morcheln je nach Größe halbieren oder vierteln.
- Das Einweichwasser zum Kochen bringen und die Morcheln darin etwa 20 Minuten weich kochen.
- Die Morcheln abschöpfen und beiseitestellen. (Das Morchelwasser nicht weggießen.)
- Die Zwiebel schälen, fein würfeln und in der veganen Butter glasig dünsten.
- Mit Sherry oder Portwein und dem Morchelwasser ablöschen und auf die Hälfte einkochen lassen.
- Dann die Morcheln, die Sojasahne und die Gewürze – Garam Masala und Kümmel – hinzufügen und weiterkochen lassen, bis die Sauce sämig wird.
- Mit Pfeffer und Salz sowie einer Spur Chilipulver abschmecken.

TIPP: Passt gut zu Bandnudeln und einem frischen grünen Salat.

„Frikassee"

Zutaten für 2–3 Personen:

1 Tasse mittelfeine Sojaschnetzel
½ Tasse heiße Gemüsebrühe
½ Tasse Kokosmilch
2 TL Zitronensaft
1 EL vegane Butter
1 TL Speisestärke
1 Messerspitze geriebene Muskatnuss
Pfeffer und Salz

1 Zwiebel
2 Knoblauchzehen
1 große Karotte
1 Stück Sellerie
2 Frühlingszwiebeln
2 EL vegane Butter
1 EL Mehl (Type 405)
100 ml Weißwein
300 ml Wasser

1–2 TL Gemüsebrühpulver
1 Lorbeerblatt
5 Pfefferkörner
3 Wacholderbeeren
2 Messerspitzen Piment
½ TL Kümmel
1 Messerspitze Chilipulver
1 TL Sojasauce
3–5 Champignons
½ Tasse tiefgekühlte Erbsen
100 ml Sojamilch

1 TL Zitronensaft
50 ml Sojasahne
Pfeffer aus der Mühle
Kräutersalz

„Frikassee"

Zubereitung

- Die Gemüsebrühe, die Kokosmilch und den Zitronensaft in einer kleinen Schüssel mischen und die Sojaschnetzel darin 20 bis 30 Minuten einweichen. Dabei immer wieder umrühren.
- In einer beschichteten Pfanne die vegane Butter erhitzen und die ausgedrückten Sojaschnetzel ein paar Minuten anbraten. Mit der Speisestärke bestäuben, mit Muskatnuss, Pfeffer und Salz würzen und dann beiseitestellen.
- Die Zwiebel, den Knoblauch, die Karotte und den Sellerie schälen und in kleine Würfel schneiden.
- Die Frühlingszwiebeln putzen, waschen und in Ringe schneiden.
- Die Champignons waschen und je nach Größe in Scheiben schneiden oder vierteln.
- Die Erbsen auftauen lassen.
- Die vegane Butter in einem Topf erhitzen und das Gemüse – Zwiebel, Knoblauch, Karotte, Sellerie, Frühlingszwiebeln, Champignons, Erbsen und Sojaschnetzel – darin ein paar Minuten bei mittlerer Hitze andünsten.
- Mit Mehl bestäuben und unter ständigem Rühren mit Weißwein und Wasser ablöschen.
- Die Gewürzzutaten – Lorbeerblatt, Pfefferkörner, Wacholderbeeren, Piment, Kümmel, Chilipulver, Sojasauce und Sojamilch – hinzufügen und 15 bis 20 Minuten auf kleiner Flamme köcheln lassen.
- Am Ende der Kochzeit den Zitronensaft und die Sojasahne hinzufügen und mit Pfeffer und Kräutersalz abschmecken.

TIPP: Dazu passt am besten Reis, oder das „Frikassee" wird als Füllung für Blätterteigpasteten verwendet.

Gelbe Sauce zu Gemüse

Zutaten für 2–3 Personen:

1 EL vegane Butter
1 EL Mehl
250 ml Sojamilch
1 TL Senf
¼ TL gemahlene Kurkuma
½ TL Gemüsebrühpulver
1 TL Zitronensaft
1 TL Hefeflocken
Kräutersalz

Gelbe Sauce zu Gemüse

Zubereitung

- Die vegane Butter in einen kleinen Topf geben und schmelzen lassen.
- Dann das Mehl mit dem Schneebesen einrühren und mit der Sojamilch ablöschen.
- Unter ständigem Rühren einmal aufkochen lassen und, sobald die Sauce andickt, die Hitze auf kleine Stufe reduzieren.
- Die restlichen Gewürzzutaten – Senf, Kurkuma, Gemüsebrühe, Zitronensaft und Hefeflocken – hinzufügen und unterrühren.
- Ein paar Minuten bei schwacher Hitze köcheln lassen.
- Mit Kräutersalz abschmecken.

TIPP: Passt besonders gut als Begleitsauce zu Gemüse, das schonend im Wasserdampf gegart wurde!

Kurkuma (Gelbwurz) stammt aus Südasien und wird wegen ihrer Färbekraft z. B. in Currypulver verwendet.

Braune „Bratensauce“

Zutaten für 2–3 Personen:
2 kleine Zwiebeln
2 EL Olivenöl
70 ml Rotwein
(oder 1–2 EL Balsamessig)
250 ml Gemüsebrühe
2–3 EL Sojasauce
½ TL gemahlener Kümmel
1 TL Thymian (oder Majoran)
1 TL Ahornsirup
1 EL Mehl
2 EL Wasser
Pfeffer aus der Mühle
Kräutersalz

Braune „Bratensauce“

Zubereitung

- Die Zwiebeln schälen. Die eine Zwiebel fein würfeln, die andere halbieren und in Scheiben schneiden.
- In einer beschichteten Pfanne das Öl erhitzen und alle Zwiebelstücke darin goldbraun anbraten.
- Mit dem Rotwein ablöschen und die Flüssigkeit auf die Hälfte einkochen lassen.
- Die Gemüsebrühe hinzufügen und die restlichen Gewürzzutaten – Sojasauce, Kümmel, Thymian und Ahornsirup – hinzufügen.
- Das Mehl mit dem Wasser verrühren und die Sauce damit binden.
- Noch 2 bis 3 Minuten bei schwacher Hitze köcheln lassen.
- Nach Belieben kann die Sauce püriert und mit einem Schuss Sojasahne oder Hafercuisine verfeinert werden.

TIPP: Diese leckere Sauce kommt immer dann auf den Tisch, wenn auch klassische Bratensauce passen würde – zum Beispiel zu Rotkraut, Grünkernfrikadellen und Kartoffelbrei.

„Sauce hollandaise“

Zutaten für 2–3 Personen:
100 g vegane Butter
2½ EL Weizenmehl
250 ml herzhafte Gemüsebrühe
3 TL Zitronensaft
1 TL Senf
½ TL gemahlene Kurkuma
½ TL Knoblauchgranulat
¼ TL Chilipulver
50–100 ml Sojasahne
½–1 TL Salz

„Sauce hollandaise“

Zubereitung

- Die vegane Butter in einem Topf schmelzen lassen.
- Das Mehl mit dem Schneebesen einrühren.
- Mit der Gemüsebrühe ablöschen und so lange rühren, bis die Sauce schön sämig ist.
- Dann die Hitze auf kleine Stufe reduzieren.
- Die restlichen Gewürzzutaten – Zitronensaft, Senf, Kurkuma, Knoblauchgranulat und Chilipulver – hinzufügen.
- Die Sojasahne unterrühren, bis die gewünschte Konsistenz entsteht und mit Salz abschmecken.

TIPP: Jetzt kann die nächste Spargelsaison kommen. Diese Sauce passt natürlich auch zu vielen anderen Gemüsesorten und gehört auf jeden Festtagstisch.

Unsere „Sauce hollandaise“ erhält durch das Kurkumapulver eine wunderbar „eigelbe“ Farbe. Das Auge isst mit!

Riesling-„Sahnesauce"

Zutaten für 2–3 Personen:
1 Schalotte
½ Karotte
1 Stück Lauch
30 g vegane Butter
100 ml trockener Riesling
100 ml Wasser
150 ml Sojasahne
1 TL Speisestärke
½ TL Gemüsebrühe
½ TL Salz
1 EL gehackte Petersilie zum Bestreuen

Riesling-„Sahnesauce“

Zubereitung

- Die Schalotte schälen und fein hacken.
- Die Karotte schälen und in sehr feine Stifte schneiden.
- Den Lauch putzen, der Länge nach halbieren, waschen und in schmale Scheiben schneiden.
- Die vegane Butter in einem Topf erhitzen und die Schalotte, die Karotte und den Lauch darin andünsten.
- Mit dem Weißwein und dem Wasser ablöschen und die Flüssigkeit auf die Hälfte einköcheln lassen.
- Die Speisestärke mit der Sojasahne glatt rühren, hinzufügen und einmal aufkochen lassen.
- Temperatur reduzieren und mit dem Gemüsebrühpulver und dem Salz abschmecken.
- Mit Petersilie bestreut servieren.

TIPP: Eine Sauce zum Verwöhnen.

„Mayonnaise“

Zutaten für 2–3 Personen:
50 ml Sojamilch
½ TL Zitronensaft
100 ml Rapsöl (oder Sonnenblumenöl)
1 TL Senf
1 TL Essig
1 Messerspitze Zucker
1 Messerspitze gemahlene Kurkuma
½ TL Gemüsebrühpulver
½ TL Salz

„Mayonnaise"

Zubereitung

- In eine tiefe Schüssel zuerst die Milch und den Zitronensaft geben und dann das Rapsöl hinzufügen.
- Mit dem Passierstab eine halbe Minute durchrühren, bis die Sauce die für Mayonnaise typische Konsistenz hat.
- Die restlichen Zutaten – Senf, Essig, Zucker, Kurkuma und Gemüsebrühpulver – hinzufügen, umrühren und mit Salz abschmecken.

TIPP: Diese „Mayonnaise" kann als Grundlage für vielerlei Dips und kalte Saucen verwendet werden, z. B. für Aïoli, Remoulade etc.

Nostalgische Sauce

Zutaten für 2–3 Personen:
1 EL Weizenschrot (oder Weizenvollkornmehl)
300 ml Wasser
1 Knoblauchzehe
1 Zwiebel
1 Karotte
½ Stange Lauch
2 EL Hefeflocken
½ TL Salbei
½ Lorbeerblatt
½ TL geriebene Muskatnuss
½ TL Thymian
1 TL Zitronensaft
2 EL vegane Butter
Pfeffer aus der Mühle
1–2 TL Kräutersalz

Nostalgische Sauce

Zubereitung

- Den Schrot in einem Topf ohne Fett unter ständigem Rühren goldgelb anrösten. Achtung, dass er nicht anbrennt. Rechtzeitig vom Herd nehmen, auf einen Teller geben und etwas abkühlen lassen.
- In der Zwischenzeit die Zwiebel, den Knoblauch und die Karotte schälen und klein schneiden.
- Den Lauch putzen, der Länge nach halbieren, waschen und in Scheiben schneiden.
- Den Topf wieder auf den Herd stellen und darin das Mehl mit dem Wasser verrühren.
- Alle anderen Zutaten – Knoblauch, Zwiebel, Karotte, Lauch, Hefeflocken, Salbei, Lorbeerblatt, Muskatnuss, Thymian, Zitronensaft und 1 Teelöffel Kräutersalz – hinzufügen und auf kleiner Flamme ca. 30 Minuten köcheln lassen. Ab und zu umrühren.
- Nach 15 Minuten das Lorbeerblatt entfernen.
- Am Ende der Kochzeit die Sauce durch ein feines Sieb streichen, zurück in den Topf geben, die kalte vegane Butter unterrühren und mit Pfeffer, Kräutersalz und ein paar Tropfen Zitronensaft abschmecken.

TIPP: Diese Sauce kommt ohne Geschmacksverstärker aus und passt zu Gemüse, Nudeln, Reis oder Klößen.

Einfache „Hackfleischsauce"

Zutaten für 2–3 Personen:

1 Tasse feine Sojaschnetzel
½ Tasse heiße Gemüsebrühe
1 EL Sojasauce
1 TL Zitronensaft
½ TL Kümmel
1 TL Oregano
1 TL Speisestärke
1–2 EL Olivenöl
Pfeffer aus der Mühle
Kräutersalz

1 Zwiebel
1–2 Knoblauchzehen
1 Stück Ingwer (ca. 1,5 x 1,5 cm)
1 Karotte
1 Stück Sellerie
2 EL Olivenöl
1 EL Tomatenmark
1 TL Speisestärke
350–400 ml Wasser
1–2 TL Gemüsebrühpulver
1 Messerspitze Kümmel
1 TL Majoran
1 TL Ahornsirup
2 EL Sojasauce
1 TL Zitronensaft
Pfeffer aus der Mühle
Kräutersalz

Einfache „Hackfleischsauce"

Zubereitung

- Die Gemüsebrühe, die Sojasauce und den Zitronensaft in einer kleinen Schüssel mischen und die Sojaschnetzel darin ca. 10 Minuten einweichen. Mit Kümmel und Oregano würzen.
- In einer beschichteten Pfanne das Öl erhitzen und die Sojaschnetzel darin ca. 3 Minuten kräftig anbraten.
- Mit der Speisestärke bestäuben und mit Pfeffer und Kräutersalz würzen.
- Noch einmal durchbraten und anschließend auf einen Teller geben und beiseitestellen.

- Die Zwiebeln, den Knoblauch, den Ingwer, die Karotte und den Sellerie schälen und in kleine Würfel schneiden.
- Das Öl in einer beschichteten Pfanne erhitzen und die Zwiebelwürfel darin goldbraun anbraten.
- Das Tomatenmark hinzufügen und ebenfalls anbraten. Achtung, dass es nicht anbrennt.
- Mit der Speisestärke bestäuben und unter ständigem Rühren mit dem Wasser ablöschen.
- Das Gemüse – Knoblauch, Ingwer, Karotte und Sellerie – zusammen mit den Sojaschnetzeln hinzufügen.
- Die restlichen Gewürzzutaten – Gemüsebrühpulver, Kümmel, Majoran, Ahornsirup und Sojasauce – hinzufügen und auf kleiner Flamme 30 Minuten köcheln lassen.
- Falls die Sauce zu dickflüssig wird, ab und zu ein wenig Wasser nachgießen.
- Am Ende der Kochzeit mit Zitronensaft, Pfeffer und Kräutersalz abschmecken.

TIPP: Die Sauce passt zu Gemüse, aber auch zu Pasta oder zur Verwendung in Aufläufen.

Béchamel-„Käsesauce"

Zutaten für 2–3 Personen:
20 g vegane Butter
20 g Mehl
300 ml Sojamilch
2–4 EL Hefeflocken
1 TL Senf
1 EL Zitronensaft
¼ TL gemahlene Kurkuma
½ TL geriebene Muskatnuss
Pfeffer aus der Mühle
1 TL Salz

Béchamel-„Käsesauce“

Zubereitung

- Die vegane Butter in einem Topf schmelzen lassen.
- Dann das Mehl mit dem Schneebesen einrühren und mit der Sojamilch nach und nach ablöschen. Dabei ständig rühren, so dass sich keine Klümpchen bilden.
- Die Gewürzzutaten – Hefeflocken, Senf, Zitronensaft, Kurkuma und Muskatnuss – hinzufügen und mit Pfeffer und Salz kräftig abschmecken.

TIPP: Diese Sauce eignet sich zu jedem gedämpften Gemüse und als Béchamelsauce zum Überbacken von Aufläufen.

„Remoulade“

Zutaten für 2–3 Personen:
50 ml Sojamilch
½ TL Zitronensaft
100 ml Rapsöl (oder Sonnenblumenöl)

1 TL Senf
1 TL Essig
1 Messerspitze Zucker
¼ TL gemahlene Kurkuma
½ TL Gemüsebrühpulver
½ TL Salz

1–2 Gewürzgurken
½ Schalotte
1 Knoblauchzehe
1 EL Schnittlauchröllchen
1 EL gehackte Petersilie
1–2 TL Zitronensaft

„Remoulade"

Zubereitung

- In eine tiefe Schüssel zuerst die Milch und den Zitronensaft geben und dann das Rapsöl hinzufügen.
- Mit dem Passierstab eine halbe bis eine Minute durchrühren, bis die Sauce die für Remoulade typische Konsistenz hat.
- Dann Senf, Essig, Zucker, Kurkuma, Gemüsebrühpulver und Salz hinzufügen und umrühren.
- Die Gewürzgurke in kleine Würfel schneiden.
- Die Schalotte und den Knoblauch schälen und fein hacken.
- Die restlichen Zutaten – Gewürzgurke, Schalotte, Knoblauch, Schnittlauch, Petersilie und Zitronensaft – hinzufügen und unterrühren.
- Im Kühlschrank durchziehen lassen.

Tomatensugo

Zutaten für 2–3 Personen:
1 Zwiebel
2 Knoblauchzehen
1 Karotte
1 Stück Sellerie
1 Thymianzweig
3 EL Olivenöl
1 Dose geschälte, gehackte Tomaten
1 TL Weinessig
½ TL Ahornsirup
1 TL Oregano
1 Messerspitze geriebene Muskatnuss
2 TL Olivenöl
Pfeffer aus der Mühle
2 TL Kräutersalz

Tomatensugo

Zubereitung

- Die Zwiebel, den Knoblauch, die Karotte und den Sellerie schälen und in kleine Würfel schneiden.
- Das Öl in einem Topf erhitzen und das Gemüse darin andünsten.
- Mit den Tomaten ablöschen, den Thymianzweig hinzufügen und auf kleiner Flamme zugedeckt ein bis zwei Stunden köcheln lassen.
- Mit dem Passierstab die Sauce fein pürieren und mit Weinessig, Ahornsirup, Oregano, Muskatnuss, Öl, Pfeffer und Kräutersalz fein abschmecken.

TIPP: Diese einfache, traditionelle Tomatensauce kann mit weiteren Zutaten – z. B. Oliven, Kapern, Peperoni oder getrockneten Pilzen – immer wieder neu abgewandelt werden.

Einfache „Sahnesauce"

Zutaten für 2–3 Personen:
1 EL Mehl (Type 405)
1 EL Vollkornmehl
½ TL Speisestärke
150–200 ml Wasser
200 ml Sojamilch
½ TL Basilikum
½ TL geriebene Muskatnuss
1 EL fein gehackte Petersilie
1 TL Gemüsebrühpulver
½ TL Zitronensaft
2 EL vegane Butter
2 EL Sojasahne
1–2 TL Kräutersalz

Einfache „Sahnesauce“

Zubereitung

- Das Mehl in einem Topf unter ständigem Rühren goldgelb anrösten. Achtung, dass es nicht anbrennt.
- Vom Herd nehmen und etwas abkühlen lassen.
- Die Speisestärke hinzufügen und mit etwas Wasser klümpchenfrei anrühren.
- Den Topf wieder auf den Herd stellen.
- Unter ständigem Rühren das restliche Wasser und die Sojamilch hinzufügen und die Sauce einmal aufkochen lassen.
- Die Hitze reduzieren und die Gewürzzutaten – Basilikum, Muskatnuss, Petersilie, Gemüsebrühpulver und den Zitronensaft – hinzufügen und 15 Minuten köcheln lassen.
- Am Ende der Kochzeit die vegane Butter und die Sojasahne unterrühren und mit Kräutersalz abschmecken.

TIPP: Die „Sahnesauce“ ist schnell gemacht, ist sehr sämig und samtig und trotzdem pikant und passt zu vielen Nudel-, Reis- und Gemüsegerichten.

Gemüse

Antipasti

Zutaten für 2–3 Personen:
1 TL Fenchelsamen
1 TL Koriandersamen
1 TL rote Pfefferkörner
700–800 g Gemüse (nach Saison):
Karotten, Brokkoli, Bohnen, Süßkartoffeln, Zucchini, Paprikaschote, Aubergine, Champignons etc.
10 schwarze Oliven ohne Kern
2–3 Knoblauchzehen
3 EL Zitronensaft
3 EL Balsamessig
1 TL Ahornsirup
1–2 TL Kräutersalz
2 EL gehackte Kräuter
(z. B. Basilikum, Thymian, Oregano, Majoran, Rosmarin)
oder 1 EL getrocknete Kräuter
150–200 ml Olivenöl

Antipasti

Zubereitung

- In einer beschichteten Pfanne die Fenchelsamen, die Koriandersamen und die roten Pfefferkörner leicht anrösten. Auf einem Teller beiseitestellen.
- Karotten schälen und in Streifen schneiden.
- Brokkoli waschen und in Röschen teilen.
- Die grünen Bohnen waschen und von den Stielen befreien.
- Süßkartoffeln waschen und in Scheiben schneiden.
- Diese Gemüsesorten in kochendem Salzwasser bissfest garen und mit kaltem Wasser abschrecken und abtropfen lassen. Mit Kräutersalz bestreuen.
- Die Paprikaschote waschen, längs halbieren, vom Kerngehäuse befreien und achteln.
- Die Zucchini und die Aubergine waschen, putzen und in 5 mm dicke Scheiben schneiden.
- Champignons waschen und vierteln.
- In einer beschichteten Pfanne einen Teil des Öls erhitzen und Zucchini, Paprika, Auberginen und Champignons nacheinander von allen Seiten kross und goldbraun anbraten und mit Kräutersalz bestreuen.
- Das Gemüse nach Sorten getrennt in eine verschließbare Schüssel schichten.
- Die Oliven und die gerösteten Samen darauf verteilen.
- Die Knoblauchzehen schälen und klein schneiden.
- Das restliche Öl mit den restlichen Gewürzzutaten – Knoblauch, Zitronensaft, Essig und Kräutern – verrühren, mit Kräutersalz abschmecken und gleichmäßig auf dem Gemüse verteilen.
- Ein paar Stunden – besser noch über Nacht – im Kühlschrank durchziehen lassen.

Austernpilze mit Petersilienpesto

Zutaten für 2–3 Personen:
250 g Austernpilze
2 EL vegane Butter

Für das Petersilienpesto:
½ Bund Petersilie
30 g Pinienkerne
6 getrocknete Tomatenstücke
2 Knoblauchzehen
1 TL Kräutersalz
1 EL Zitronensaft
1 EL Hefeflocken
75 ml Olivenöl

Für die Sesam-Sojasauce:
2 EL Sojasauce
2 EL Olivenöl
1 EL Zitronensaft
1 EL Sesamsamen
1 TL Fenchelsamen
1 TL Majoran
1 Messerspitze gemahlener Kümmel
½ TL edelsüßes Paprikapulver

200 g Vollkornspaghetti

Austernpilze mit Petersilienpesto

Zubereitung

- Die Austernpilze putzen und in mundgerechte Stücke schneiden.
- Für das Petersilienpesto die getrockneten Tomaten in lauwarmem Wasser eine Stunde einweichen.
- Die Pinienkerne in einer beschichteten Pfanne ohne Öl braun anrösten, dann vom Herd nehmen und abkühlen lassen.
- Die Petersilie waschen und mit einem Tuch trocken tupfen.
- Den Knoblauch schälen und zusammen mit den eingeweichten getrockneten Tomaten grob zerkleinern.
- Alle Zutaten – Petersilie, Pinienkerne, getrocknete Tomaten, Knoblauch, Kräutersalz, Zitronensaft, Hefeflocken und Olivenöl – in eine tiefe Schüssel geben und mit dem Passierstab nicht zu fein pürieren.
- Für die Sesam-Sojasauce die restlichen Zutaten – Sojasauce, Olivenöl, Zitronensaft, Sesamsamen, Fenchelsamen, Majoran, Kümmel und Paprikapulver – in einem kleinen Topf einmal aufkochen lassen und einige Minuten auf kleiner Flamme durchziehen lassen.
- Die Spaghetti in kochendes Salzwasser geben und nach Packungsanweisung al dente kochen.
- In der Zwischenzeit in einer beschichteten Pfanne die Austernpilze in der veganen Butter von allen Seiten einige Minuten bei hoher Hitze anbraten, mehrfach wenden und dünn mit Kräutersalz bestreuen.
- Die Spaghetti abgießen, abtropfen lassen, auf Tellern anrichten und die Pilze, das Pesto sowie die Sesam-Sojasauce dekorativ darauf verteilen.

TIPP: Dazu passt wunderbar ein frischer grüner Salat.

Wokgemüse mit Sesam

Zutaten für 2–3 Personen:
150 g Räuchertofu
2 EL Sojasauce
1 EL Zitronensaft
1 EL Sesamsamen
1 Zwiebel
6 Knoblauchzehen
1 TL Chinagewürz
250 g Brokkoli
100 g Erbsen, tiefgekühlt
½ Chinakohl
2 EL Olivenöl
2 EL Sesamöl
100 ml Gemüsebrühe
2–3 EL Sojasauce
1 EL Zitronensaft
½ TL Ahornsirup
1 TL rote Chilipaste (oder Sambal Oelek)

Wokgemüse mit Sesam

Zubereitung

- Den Räuchertofu in Würfel schneiden, in eine Tasse geben, mit der Sojasauce und dem Zitronensaft beträufeln und ein paar Minuten durchziehen lassen.
- Die Sesamsamen in einer beschichteten Pfanne ohne Öl anrösten, bis sie Farbe bekommen. Vom Herd nehmen und abkühlen lassen.
- Die Zwiebel schälen, halbieren und in Scheiben schneiden.
- Den Knoblauch schälen und fein hacken.
- Den Brokkoli waschen, in Röschen teilen und in kochendem Wasser kurz blanchieren, abgießen und mit kaltem Wasser abschrecken.
- Die Erbsen auftauen lassen.
- Den Chinakohl in feine Streifen schneiden und waschen.
- Das Oliven- und das Sesamöl in einem Wok oder einer tiefen beschichteten Pfanne erhitzen.
- Die Zwiebelscheiben darin anbraten, bis sie Farbe bekommen.
- Dann den Knoblauch und das China-Gewürz dazugeben und kurz mitanbraten.
- Den Brokkoli hinzufügen und unter ständigem Rühren ca. 3 Minuten mitbraten.
- Dann den Chinakohl dazugeben und ein paar Minuten mitbraten. Zum Schluss die Erbsen und die marinierten Tofuwürfel hinzufügen.
- Mit der Gemüsebrühe, der Sojasauce und dem Zitronensaft ablöschen.
- Zum Schluss den Ahornsirup und die rote Chilipaste unterrühren und unter ständigem Rühren weitere 5 Minuten fertig garen.
- In eine Schüssel geben und mit den gerösteten Sesamsamen bestreut servieren.

Rot-grüne Gewürzbohnen

Zutaten für 2–3 Personen:
50 g Walnusskerne
300 g grüne Bohnen
2 EL Olivenöl
1 Zwiebel
½ TL Kümmel
2 Knoblauchzehen
5 braune Champignons
30 ml Gemüsebrühe
½ Dose geschälte, gehackte Tomaten
½ Dose Kidneybohnen
1 ½ TL Bohnenkraut
2 EL Sojasauce
1 Spritzer Zitronensaft
½ TL Ahornsirup
Pfeffer aus der Mühle
Kräutersalz
1 EL gehackte Petersilie

Rot-grüne Gewürzbohnen

Zubereitung

- Die Walnusskerne grob hacken und in einer beschichteten Pfanne ohne Öl rösten, bis sie etwas Farbe bekommen. Vom Herd nehmen und abkühlen lassen.
- Die grünen Bohnen waschen und von den Stielen befreien. In kochendem Salzwasser ca. 15 Minuten garen. Durch ein Sieb abgießen, mit kaltem Wasser abschrecken und abtropfen lassen.
- In der Zwischenzeit die Zwiebeln und den Knoblauch schälen und fein hacken.
- Die Champignons waschen und je nach Größe vierteln oder achteln.
- Die Kidneybohnen in ein Sieb schütten und mit klarem Wasser abspülen.
- Das Öl in einer beschichteten Pfanne erhitzen und die Zwiebelstücke darin anbraten, bis sie Farbe bekommen.
- Den Kümmel und den Knoblauch kurz mitanbraten.
- Dann die Bohnen dazugeben und mit der Gemüsebrühe und den Tomaten ablöschen.
- Die restlichen Zutaten – Kidneybohnen, Bohnenkraut, Sojasauce, Zitronensaft, Ahornsirup und Walnüsse – dazugeben und alles ca. 5 Minuten köcheln lassen.
- Mit Pfeffer und Kräutersalz abschmecken.
- Die Gewürzbohnen in eine Servierschüssel füllen und mit Petersilie bestreuen. Dazu passen Polenta oder Kartoffeln.

TIPP: Dieses Gericht schmeckt auch noch am nächsten Tag vorzüglich, so dass Sie auch die doppelte Menge zubereiten können.

Blumenkohl in Kokoscreme

Zutaten für 2–3 Personen:
½ Blumenkohl
250 g Kartoffeln
600 ml Gemüsebrühe
3 EL Zitronensaft
1 kleine Zwiebel
2 EL vegane Butter
2 EL Mehl
125 ml Kokosmilch
(oder Sojasahne oder Hafercuisine)
1 TL Curry
1 TL gemahlener Koriander
½ TL Garam Masala
1 EL Hefeflocken
1 TL Zitronensaft
Pfeffer aus der Mühle
Kräutersalz
3 EL gehackte Petersilie
3 EL Semmelbrösel

Blumenkohl in Kokoscreme

Zubereitung

- Den Blumenkohl waschen und in Röschen teilen.
- Die Kartoffeln schälen und vierteln.
- In einem Topf die Gemüsebrühe mit dem Zitronensaft zum Kochen bringen und den Blumenkohl zusammen mit den Kartoffeln ca. 10 Minuten köcheln lassen. Abgießen und das Kochwasser auffangen.
- Den Backofen auf Ober- und Unterhitze stellen und auf 200 °C vorheizen.
- In der Zwischenzeit die Zwiebel schälen und fein hacken.
- Im Topf die vegane Butter erhitzen und die Zwiebeln darin glasig andünsten.
- Das Mehl mit einem Schneebesen einrühren und mit dem Kochwasser unter ständigem Rühren ablöschen.
- Einmal aufkochen lassen und dann die Hitze auf die kleinste Stufe reduzieren.
- Mit Curry, Koriander, Garam Masala, Hefeflocken und Zitronensaft würzen und mit Pfeffer und Kräutersalz kräftig abschmecken. Zum Schluss die Kokosmilch und die Petersilie unterrühren.
- Die Blumenkohl-Kartoffel-Mischung in eine gefettete Auflaufform geben und die Sauce gleichmäßig darauf verteilen.
- Zum Schluss die Semmelbrösel auf das Gemüse streuen und im vorgeheizten Backofen 10 bis 15 Minuten goldbraun überbacken.

TIPP: Dazu passt frisches Baguette.

Grünes Gemüse mit Pilzsauce

Zutaten für 2–3 Personen:
300 g Rosenkohl
250 g Brokkoli
200 g tiefgekühlte Erbsen
2 Zwiebeln
6 braune Champignons
2 TL Olivenöl
1 EL Tomatenmark
100 ml Rotwein
200 ml Gemüsebrühe
2–3 EL Sojasauce
½ TL gemahlener Kümmel
½ TL Thymian
½ TL Ahornsirup
1 EL Mehl
Pfeffer aus der Mühle
Kräutersalz

Grünes Gemüse mit Pilzsauce

Zubereitung

- Den Rosenkohl von den äußeren Blättchen befreien und den Strunk kreuzweise einschneiden.
- Den Brokkoli waschen und in Röschen teilen.
- Die Erbsen auftauen lassen.
- In einem Dampfgarer das Wasser erhitzen. Alternativ in einem Topf mit einem Einsatz zum Dampfgaren Wasser zum Kochen bringen.
- Den Rosenkohl, den Brokkoli und die Erbsen in den Dampfgarer legen und ca. 10 Minuten bissfest garen.
- In der Zwischenzeit die Zwiebeln schälen, halbieren und in Scheiben schneiden.
- Die Champignons waschen und in Scheiben schneiden.
- Das Öl in einer Pfanne erhitzen und die Zwiebelscheiben darin goldbraun anbraten.
- Das Tomatenmark hinzufügen und kurz mitanbraten.
- Dann die Champignons hinzufügen und mit Rotwein und der Gemüsebrühe ablöschen und ein paar Minuten einkochen lassen.
- Nach und nach die Gewürzzutaten – Sojasauce, Kümmel, Thymian und Ahornsirup – hinzufügen.
- Das Mehl mit etwas Wasser glatt rühren und die Sauce damit binden.
- Weitere 2 bis 3 Minuten köcheln lassen.
- Das Gemüse auf Tellern anrichten und mit der Sauce garniert servieren.

Gemüseplatte mit Béchamelsauce

Zutaten für 2–3 Personen:
Verschiedene Gemüsesorten, z. B.:
2–3 Cocktailtomaten
2 Karotten
1 Zucchini
4 Brokkoliröschen (oder Blumenkohlröschen)
1 Fenchel oder Kohlrabi
10 Rosenkohl-Röschen
Pfeffer aus der Mühle
Kräutersalz

Für die Sauce:
1 EL vegane Butter
1 EL Mehl
250 ml Sojamilch
1 TL Senf
¼ TL gemahlene Kurkuma
½ TL Gemüsebrühpulver
1 TL Zitronensaft
1 TL Hefeflocken
Kräutersalz

Gemüseplatte mit Béchamelsauce

Zubereitung

- Tomaten waschen und die Haut am Strunk kreuzweise einschneiden.
- Karotten schälen, halbieren und der Länge nach in Streifen schneiden.
- Zucchini waschen, putzen und in Scheiben schneiden.
- Die Brokkoliröschen waschen.
- Fenchel waschen, putzen und halbieren.
- Den Rosenkohl von den äußeren Blättchen befreien und den Strunk kreuzweise einschneiden.
- In einem Dampfgarer das Wasser erhitzen. Alternativ in einem Topf mit einem Einsatz zum Dampfgaren Wasser zum Kochen bringen.
- Das Gemüse in den Dampfgarer legen und ca. 10 bis 15 Minuten bissfest garen und mit Kräutersalz bestreuen.
- Nach Belieben können z. B. die Zucchinischeiben und nach dem Garen auch der Fenchel und der Rosenkohl in Olivenöl angebraten werden.
- Für die Sauce die vegane Butter in einen kleinen Topf geben und schmelzen lassen.
- Dann das Mehl mit dem Schneebesen einrühren und mit der Sojamilch ablöschen.
- Unter ständigem Rühren einmal aufkochen lassen und, sobald die Sauce andickt, die Hitze auf kleine Stufe reduzieren.
- Die restlichen Gewürzzutaten – Senf, Kurkuma, Gemüsebrühpulver, Zitronensaft und Hefeflocken – hinzufügen und unterrühren.
- Ein paar Minuten bei schwacher Hitze köcheln lassen.
- Mit Kräutersalz abschmecken.
- Das Gemüse auf einer Platte anrichten und mit der Béchamelsauce servieren.
  Dazu passen Kartoffelkroketten aus dem Backofen.

TIPP: Für die Gemüseplatte auf dem Foto wurden die Tomaten vor dem Dampfgaren ausgehöhlt und mit einem Teig für Grünkernbratlinge gefüllt.

Zucchinirouladen im Tomatenbett

Zutaten für 2–3 Personen:
1 große Zucchini
3–4 EL Olivenöl
6 bis 8 getrocknete Tomatenstücke in Öl
6 bis 8 Walnusshälften
6 bis 8 schwarze Oliven ohne Kern
6 bis 8 Basilikumblätter
2 EL fein geschnittene Basilikumblätter
6 bis 8 Zahnstocher
1 Dose geschälte, gehackte Tomaten
1 EL Olivenöl
50 ml Gemüsebrühe
1 Knoblauchzehen
1 Messerspitze geriebene Muskatnuss
1 EL Oregano
1 TL Ahornsirup
1 TL Weinessig (oder Zitronensaft)
Pfeffer aus der Mühle
Kräutersalz

Zucchinirouladen im Tomatenbett

Zubereitung

- Die Zucchini waschen und putzen.
- Der Länge nach in 6 bis 8 nicht zu dünne Streifen schneiden.
- Den Backofen auf 70 °C vorheizen.
- Das Olivenöl in einer beschichteten Pfanne erhitzen und die Zucchinischeiben von beiden Seiten anbraten, bis sie Farbe bekommen. Mit Pfeffer und Kräutersalz bestreuen und auf Küchenpapier abtropfen lassen.
- Die getrockneten Tomaten in ein Sieb geben und ebenso auf Küchenpapier abtropfen lassen.
- Die Walnusshälften halbieren und die Oliven damit füllen.
- Auf das obere Drittel einer Zucchinischeibe eine getrocknete Tomate, dann ein Basilikumblatt und eine gefüllte Olive legen. Die Zucchinischeibe vorsichtig aufrollen, auf einen Teller legen und im vorgeheizten Backofen zugedeckt warm halten. Mit den restlichen Zucchinischeiben gleich verfahren.
- Für das Tomatenbett die Tomaten zusammen mit der Gemüsebrühe und dem Öl in einem Topf erhitzen.
- Den Knoblauch schälen, durch die Presse drücken und zusammen mit dem Oregano, dem Ahornsirup und dem Weinessig zu den Tomaten hinzufügen und 15 Minuten köcheln lassen.
- Mit Pfeffer und Kräutersalz abschmecken.
- Die Tomatensauce in eine Schüssel geben oder auf tiefe Teller verteilen und die Zucchinirouladen ins Tomatenbett setzen.

TIPP: Dazu passen Petersilienkartoffeln oder Vollkornspaghetti.
Die Zucchinirouladen können auch kalt serviert werden.

Ratatouille

Zutaten für 2–3 Personen:
1 Aubergine
1 Zucchini
250 g vollreife Tomaten
1 Zwiebel
2 Knoblauchzehen
je eine halbe grüne, orange und rote Paprikaschote
4 getrocknete Tomatenstücke
5 EL Olivenöl
6 Thymianzweige
1 Rosmarinzweig
1 TL Oregano
Pfeffer aus der Mühle
Kräutersalz

Ratatouille

Zubereitung

- Aubergine und Zucchini waschen, putzen und in mundgerechte Stücke schneiden.
- Die Tomaten waschen, vom Stielansatz befreien und vierteln.
- Die Zwiebel und den Knoblauch schälen. Die Zwiebel in Ringe schneiden und den Knoblauch grob hacken.
- Die Paprikaschoten waschen, längs halbieren, vom Kerngehäuse befreien und würfeln.
- Die getrockneten Tomaten in Streifen schneiden.
- Den Thymian und den Rosmarin waschen, trocken tupfen und die Blättchen und Nadeln klein schneiden.
- Das Öl in einer beschichteten Pfanne erhitzen und die Auberginen- und Zucchinistücke portionsweise von allen Seiten braun anbraten, auf ein Papiertuch legen und dünn mit Kräutersalz bestreuen.
- Im restlichen Öl zuerst die Zwiebelringe anbraten, bis sie Farbe bekommen und anschließend die Paprika, die getrockneten Tomaten und den Knoblauch dazugeben und bei mittlerer Hitze 10 Minuten garen.
- Zum Schluss die Tomaten-, Auberginen- und Zucchinistücke sowie die Kräuter – Thymian, Rosmarin und Oregano – hinzufügen und unter häufigem Wenden fertig garen.

TIPP: Passt gut zu Reis, Kartoffeln, Nudeln oder einfach zu frischem Baguette!

Blumenkohl, Kartoffelbrei und Tofu

Zutaten für 2–3 Personen:
150–200 g Räuchertofu
2 EL Sojasauce
1 EL Zitronensaft
1 Zwiebel
1 EL Olivenöl

Für den Kartoffelbrei:
600 g mehlig kochende Kartoffeln
2 EL vegane Butter
100 ml Sojamilch
1 Messerspitze geriebene Muskatnuss
Salz

1 kleiner oder ½ Blumenkohl

Für die Béchamelsauce:
1½ EL vegane Butter
1½ EL Mehl
100 ml Blumenkohl-Kochwasser
100 ml Sojamilch
2 EL Hefeflocken
1 Messerspitze geriebene Muskatnuss
1 Messerspitze gemahlene Kurkuma
1 TL Senf
1 TL Zitronensaft
50 ml Sojasahne (oder Sojamilch)
½–1 TL Salz

Blumenkohl, Kartoffelbrei und Tofu

Zubereitung

- Den Räuchertofu in Scheiben schneiden, in eine kleine Schüssel legen und mit der Sojasauce und dem Zitronensaft beträufeln.
- Die Zwiebel schälen, halbieren und in dünne Scheiben schneiden.
- Für den Kartoffelbrei die Kartoffeln schälen, würfeln und in leicht kochendem Salzwasser ca. 15 bis 20 Minuten weich kochen.
- Den Blumenkohl waschen, in Röschen teilen und ebenfalls in Salzwasser ca. 15 bis 20 Minuten weich kochen.
- Für die Béchamelsauce in einem kleinen Topf die vegane Butter schmelzen lassen und das Mehl mit dem Schneebesen einrühren.
- Das Blumenkohl-Kochwasser und die Sojamilch unter ständigem Rühren hinzufügen, so dass eine weiße, klümpchenfreie, sämige Sauce entsteht. Die Hitze auf kleine Stufe reduzieren und die übrigen Gewürzzutaten – Hefeflocken, Muskatnuss, Kurkuma, Senf, Zitronensaft und Sojasahne – hinzufügen. Nicht mehr aufkochen lassen. Auf kleiner Flamme warm halten.
- Die Kartoffeln abgießen und abtropfen lassen.
- Die vegane Butter im gleichen Topf schmelzen lassen und die Sojamilch zusammen mit der Muskatnuss und dem Salz erwärmen. Die Kartoffeln dazugeben und mit einem Kartoffelstampfer zu Brei stampfen.
- In einer beschichteten Pfanne 1 Esslöffel Öl erhitzen und zuerst die Zwiebelscheiben goldbraun anbraten und dann den marinierten Räuchertofu. Die Reste der Tofumarinade (Sojasauce und Zitronensaft) kurz vor dem Servieren über die Zwiebelscheiben gießen.
- Den Blumenkohl, den Kartoffelbrei und den Räuchertofu zusammen mit den gerösteten Zwiebeln auf Tellern anrichten und den Blumenkohl mit der Béchamelsauce übergießen.

Grünkohl mit glasiertem Apfel

Zutaten für 2–3 Personen:
1 kleine Zwiebel
50 g vegane Butter
500–700 g Grünkohl
100 ml Gemüsebrühe
100 g Räuchertofu

1 kleiner Apfel
12 Walnusshälften
1 EL Ahornsirup
1 EL Zitronensaft
1 Messerspitze gemahlener Koriander
1 EL vegane Butter

1 TL Ahornsirup
1 Messerspitze geriebene Muskatnuss
Pfeffer aus der Mühle
2 TL Kräutersalz

Nach Belieben Kümmel und
gemahlener Koriander

Grünkohl mit glasiertem Apfel

Zubereitung

- Die Zwiebel schälen, klein hacken und in der Hälfte der veganen Butter glasig dünsten.
- Den Grünkohl waschen, von den groben Rippen befreien und in kochendem Salzwasser einige Minuten blanchieren.
- Anschließend in ein Sieb schütten, mit kaltem Wasser abschrecken und abtropfen lassen.
- Den Kohl in grobe Stücke schneiden, zu den Zwiebelstücken in die Pfanne geben und einige Minuten mitanbraten.
- Mit der Gemüsebrühe ablöschen und 15 bis 20 Minuten auf kleiner Flamme köcheln lassen.
- Mit Ahornsirup und Muskatnuss würzen und mit Pfeffer und Salz kräftig abschmecken.
- Den Räuchertofu würfeln und in einer beschichteten Pfanne in der anderen Hälfte der veganen Butter von allen Seiten kross anbraten und beiseitestellen.
- Den Apfel in 12 gleichmäßige Spalten schneiden.
- Die Walnusshälften halbieren und zusammen mit den Apfelspalten in eine beschichtete Pfanne geben
- Den Ahornsirup, den Zitronensaft, den Koriander und die vegane Butter hinzufügen und bei hoher Hitze etwa 2 Minuten glasieren. Die Apfelspalten sowie die Walnüsse dabei öfter wenden.
- Den Räuchertofu unter den Grünkohl mischen und mit den glasierten Apfelspalten und Walnüssen garniert servieren.

TIPP: Dazu passen Kartoffeln in allen Variationen.
Wer den Geschmack von Kümmel mag kann ½ Teelöffel unterheben.

Herzhafter Kohleintopf

Zutaten für 2–3 Personen:

1 Tasse Sojaschnetzel grob
½ Tasse heiße Gemüsebrühe
1 EL Sojasauce
1 EL Zitronensaft

400 g Kohl
300 g Kartoffeln
1–2 Karotten
1 Zwiebel
1 EL Tomatenmark
2 EL Olivenöl
100 ml Gemüsebrühe
1 EL Sojasauce
1 EL edelsüßes Paprikapulver
3 TL Hefeflocken
1 TL Oregano
1 TL Thymian
1 TL Majoran
3 Wacholderbeeren
1 Lorbeerblatt
Pfeffer aus der Mühle
Kräutersalz
1 TL Ahornsirup
½ TL Kümmel
50 ml Sojasahne

Herzhafter Kohleintopf

Zubereitung

- Die Gemüsebrühe, die Sojasauce und den Zitronensaft in einer kleinen Schüssel mischen und die Sojaschnetzel darin einweichen.
- Den Kohlkopf von den äußeren Blättern und dem Strunk befreien und feinnudelig schneiden.
- Die Kartoffeln und Karotten schälen und in mundgerechte Stücke schneiden.
- Die Zwiebel schälen und klein hacken.
- In einer großen beschichteten Pfanne das Öl erhitzen und die Zwiebelstücke darin scharf anbraten.
- Das Tomatenmark dazugeben und mitanbraten. Achtung, dass es nicht anbrennt.
- Den Kohl mit in die Pfanne geben und einige Minuten schmoren lassen.
- Mit der Gemüsebrühe ablöschen.
- Dann die Karotten- und Kartoffelstücke und die eingeweichten Sojaschnetzel samt Einweichbrühe zum Kohlgemüse geben.
- Die restlichen Gewürzzutaten – Sojasauce, Paprikapulver, Hefeflocken, Kräuter, Wacholderbeeren und Lorbeerblatt – hinzufügen und mit Pfeffer, Kräutersalz und Kümmel kräftig abschmecken.
- Bei mittlerer Temperatur zugedeckt ca. 30 Minuten köcheln lassen.
- Zum Schluss die Sojasahne unterrühren.

Kurzgebratenes Gemüse mit Reis

Zutaten für 2–3 Personen:
100–125 g Reis
2 EL Olivenöl
1 EL Sesamöl (oder Sonnenblumenöl)
2 Knoblauchzehen
1 Zwiebel
600–700 g Gemüse (nach Saison) z. B.:
Brokkoli
Zuckererbsen
Karotte
Paprikaschote
Sellerie
Bohnen
Lauch
Champignons
50 ml Wasser
1 EL Sojasauce
Kräutersalz

Sojasauce und Sambal Oelek

Kurzgebratenes Gemüse mit Reis

Zubereitung

- Den Reis nach Packungsanweisung in Salzwasser weich kochen.
- Die Zwiebel und den Knoblauch schälen und klein hacken.
- Den Brokkoli waschen, in kleine Röschen teilen und den Strunk in feine Streifen schneiden.
- Alle anderen Gemüsesorten waschen, schälen oder putzen und ebenfalls in sehr dünne Streifen schneiden.
- In einer großen beschichteten Pfanne oder einem Wok das Oliven- und das Sesamöl erhitzen und bei hoher Hitze das ganze Gemüse gleichzeitig hinzufügen und unter ständigem Rühren bissfest anbraten.
- Währenddessen das Wasser mit der Sojasauce mischen, und zum Gemüse hinzufügen und so lange braten, bis die Flüssigkeit verdunstet ist.
- Mit Kräutersalz abschmecken.
- Das Gemüse zusammen mit dem Reis auf Tellern anrichten und servieren.
- Sojasauce und Sambal Oelek zum individuellen Nachwürzen auf den Tisch stellen.

Feine Sellerieschnitzel

Zutaten für 2–3 Personen:
½ Knolle Sellerie
½ l herzhafte Gemüsebrühe
2 EL Sojasauce
Saft von 1 Zitrone

<u>Für die Panade:</u>
30 g Mehl
50 ml Wasser
½ TL Senf
1 TL Hefeflocken
½ TL Zitronensaft
1 TL edelsüßes Paprikapulver
1 TL Thymian
1 Messerspitze gemahlener Kümmel
1 TL Kräutersalz
Semmelbrösel
3–4 EL Öl zum Braten

Feine Sellerieschnitzel

Zubereitung

- Die Sellerieknolle putzen und in 1 cm dicke Scheiben schneiden.
- Die Gemüsebrühe zusammen mit der Sojasauce zum Kochen bringen.
- Die Zitrone ausdrücken und den Saft in die Gemüsebrühe geben.
- Die Selleriescheiben in der Brühe ca. 15 Minuten köcheln lassen.
- Für die Panade der Sellerieschnitzel in einem tiefen Teller aus allen Zutaten – Mehl, Wasser, Senf, Hefeflocken, Zitronensaft, Paprikapulver, Thymian, Kümmel und Kräutersalz – einen zähflüssigen Teig anrühren.
- In einen tiefen Teller fingerdick Semmelbrösel geben.
- Die Selleriehälften zuerst in dem gewürzten Teig wenden und anschließend in den Teller mit den Semmelbröseln legen.
- Auf die Oberseite Semmelbrösel streuen und diese auf beiden Seiten leicht andrücken.
- In reichlich Sonnenblumenöl von beiden Seiten goldbraun braten.
- Mit den Zitronenscheiben garnieren und servieren.

TIPP: Die Sellerieschnitzel schmecken warm mit Kartoffelsalat oder Petersilienkartoffeln und einem grünen Salat oder kalt als Brotbelag.

Gefüllte Paprikas mit Tomatensauce

Zutaten für 2–3 Personen:
2–3 Paprikaschoten
100 g Sojaschnetzel
100 ml heiße Gemüsebrühe
2 EL Sojasauce
1 EL Zitronensaft
100 g altbackenes Brot vom Vortag
100 ml Sojamilch

20 g Pinienkerne

1 Zwiebel
2 Knoblauchzehen
1 Stück Ingwer (ca. 1 x 1 cm)
3 braune Champignons
2 EL Olivenöl
1 EL Tomatenmark
200 ml Gemüsebrühe
100 g Bulgur
100 g geriebener veganer Käse
1 TL Sambal Oelek
1 TL edelsüßes Paprikapulver
1 EL Majoran
½ TL gemahlener Kümmel
Pfeffer aus der Mühle
Kräutersalz

<u>Für die Tomatensauce:</u>
1 Zwiebel
1 Knoblauchzehe
1 EL Olivenöl
1 Dose geschälte, gehackte Tomaten
1 EL italienische Kräuter
1 TL Gemüsebrühpulver
½ TL Ahornsirup
1 TL Essig
geriebene Muskatnuss

Gefüllte Paprikas mit Tomatensauce

Zubereitung

- Die Paprikaschoten waschen, längs halbieren und vom Kerngehäuse befreien.
- Die Gemüsebrühe, die Sojasauce und den Zitronensaft in einer kleinen Schüssel mischen und die Sojaschnetzel darin einweichen.
- Das Brot in kleine Würfel schneiden und in der Sojamilch einweichen.
- Eine beschichtete Pfanne erhitzen und die Pinienkerne darin hellbraun anrösten und beiseitestellen.
- Zwiebel, Knoblauch und Ingwer schälen und klein hacken.
- Die Champignons waschen und in kleine Würfel schneiden.
- Den Backofen auf 200 °C vorheizen.
- In einer beschichteten Pfanne das Öl erhitzen und die Zwiebelstücke darin goldbraun anbraten.
- Das Tomatenmark hinzufügen und ebenso mitanbraten.
- Mit der Gemüsebrühe ablöschen. Den Bulgur zusammen mit dem Knoblauch, dem Ingwer und den Champignons hinzufügen und ein paar Minuten köcheln lassen.
- Die restlichen Gewürzzutaten – Sambal Oelek, Paprikapulver, Majoran und Kümmel – unterrühren. Die Pfanne vom Herd nehmen und den Bulgur ausquellen lassen.
- In einer Schüssel alle Zutaten – Sojaschnetzel, Brotwürfel, Pinienkerne, Bulgur und den geriebenen veganen Käse – vermischen und mit Pfeffer und Kräutersalz kräftig abschmecken.
- Die Paprikahälften mit der Masse füllen, in eine gefettete Auflaufform setzen und im vorgeheizten Backofen ca. 30 Minuten backen.
- Für die Tomatensauce in der Zwischenzeit die Zwiebel und den Knoblauch schälen und klein hacken. In einem kleinen Topf das Olivenöl erwärmen und die Zwiebel- und Knoblauchstücke darin glasig dünsten.
- Die Tomaten dazugeben und mit den Gewürzzutaten – Kräuter, Gemüsebrühpulver, Ahornsirup, Essig und Muskatnuss – abschmecken und so lange köcheln lassen, bis die gefüllten Paprikahälften gar sind.
- Die Tomatensauce in tiefe Teller geben und die Paprikahälften darauf anrichten. Dazu passt Reis.

Pasta

Spaghetti mit schwarzen Linsen

Zutaten für 2–3 Personen:
100 g Belugalinsen
1 Zwiebel
1 Knoblauchzehe
1 EL Olivenöl
250 ml Gemüsebrühe
1 TL Essig
½ TL gemahlener Kümmel
1 EL Oregano, Thymian oder Majoran
125 ml Sojasahne (oder Hafercuisine)
60 g geriebener veganer Käse
1 EL Hefeflocken
½ TL Knoblauchgranulat
Pfeffer aus der Mühle
Kräutersalz

200 g Vollkornnudeln
geriebener veganer Käse zum Bestreuen

Spaghetti mit schwarzen Linsen

Zubereitung

- Die Linsen in einem Sieb unter fließendem Wasser abwaschen und abtropfen lassen.
- Zwiebel und Knoblauch schälen und klein hacken.
- Das Öl in einem Topf erhitzen und die Zwiebel- und Knoblauchstücke darin goldgelb anbraten.
- Die Linsen hinzufügen und mit der Gemüsebrühe ablöschen.
- Den Essig, den Kümmel und die Kräuter hinzufügen und 15 Minuten köcheln lassen.
- Bei Bedarf noch etwas Wasser oder Gemüsebrühe nachgießen.
- Danach die Sojasahne, den geriebenen veganen Käse, die Hefeflocken und das Knoblauchgranulat zu den Linsen geben und weitere 10 Minuten köcheln lassen, bis die Linsen weich sind.
- Mit Pfeffer und Kräutersalz abschmecken.
- In einem Topf reichlich Salzwasser zum Kochen bringen, die Nudeln darin al dente garen, abgießen, abtropfen lassen und unter die Sahnelinsen mischen.
- Anrichten und nach Belieben mit veganem Käse bestreuen.

TIPP: Dazu passt ein frischer grüner Salat.

Riesenhörnchen mit „Rahmspinat"

Zutaten für 2–3 Personen:
200 g Riesenhörnchen

Für den Rahmspinat
1 Zwiebel
2 Knoblauchzehen
1 EL vegane Butter
250 g tiefgekühlter Blattspinat
6 Walnusshälften
1 kleine Dose Kidneybohnen
60 ml Sojamilch
50 ml Sojasahne
1 TL Gemüsebrühpulver
1 EL Hefeflocken
1 Messerspitze geriebene Muskatnuss
½ TL gemahlener Koriander
30 g geriebener veganer Käse
Pfeffer aus der Mühle
Kräutersalz

Für die Tomatensauce:
½–1 Dose geschälte, gehackte Tomaten
½ TL Kräutersalz
1 Knoblauchzehe
1 EL Olivenöl

geriebener veganer Käse zum Bestreuen

Riesenhörnchen mit „Rahmspinat"

Zubereitung

- Für den „Rahmspinat" die Zwiebel und den Knoblauch schälen und klein hacken.
- Die Walnusskerne grob hacken.
- Die Kidneybohnen in ein Sieb schütten und mit klarem Wasser abspülen.
- Den Spinat auftauen lassen.
- Die vegane Butter in einem Topf schmelzen lassen und die Zwiebel- und Knoblauchstücke darin goldgelb andünsten.
- Den Spinat, die Walnüsse und die Kidneybohnen hinzufügen und mit der Sojamilch und der Sojasahne ablöschen und ein paar Minuten köcheln lassen.
- Die restlichen Gewürzzutaten – Gemüsebrühpulver, Hefeflocken, Muskatnuss und Koriander – hinzufügen.
- Die Nudeln in reichlich Salzwasser al dente kochen, abgießen und abtropfen lassen.
- Für die Tomatensauce in der Zwischenzeit den Knoblauch schälen und fein würfeln.
- Die Tomaten in einen kleinen Topf geben und mit Kräutersalz, Öl und den Knoblauchwürfeln würzen.
- Den geriebenen veganen Käse unter den Spinat mischen und mit Pfeffer und Kräutersalz abschmecken.
- Die Riesenhörnchen mit der Tomatensauce füllen.
- Den Spinat auf Tellern anrichten und mit den gefüllten Riesenhörnchen belegen.
- Nach Belieben mit geriebenem veganem Käse bestreuen.

Spaghetti alla napoletana

Zutaten für 2–3 Personen:
1 Zwiebel
4 Knoblauchzehen
2 EL Olivenöl
1 Dose geschälte, gehackte Tomaten
1 EL Tomatenmark
20 ml trockener Rotwein
1 EL gehackte Basilikumblätter
1 EL gehackte Petersilie
1 EL gehackter Oregano
1 EL italienische Kräuter
1 Lorbeerblatt
1 TL Ahornsirup
1 Messerspitze geriebene Muskatnuss
1 TL Gemüsebrühpulver
Pfeffer aus der Mühle
Kräutersalz

200 g Spaghetti
geriebener veganer Käse
zum Bestreuen

Spaghetti alla napoletana

Zubereitung

- Die Zwiebel und den Knoblauch schälen und fein hacken.
- Das Öl in einem Topf erhitzen und die Zwiebel- und Knoblauchstücke darin glasig andünsten.
- Die Tomaten, das Tomatenmark und den Rotwein hinzufügen.
- Nach und nach die Gewürzzutaten – Kräuter, Lorbeerblatt, Ahornsirup, Muskatnuss und das Gemüsebrühpulver in die Sauce geben und zugedeckt auf kleiner Flamme 40 bis 45 Minuten köcheln lassen.
- Am Ende der Kochzeit das Lorbeerblatt entfernen.
- Mit Pfeffer und Salz abschmecken.
- Die Vollkornspaghetti al dente kochen, abgießen, abtropfen lassen und zusammen mit der Napoli-Sauce servieren.
- Nach Belieben mit geriebenem veganem Käse bestreuen.

TIPP: Dazu passt ein frischer grüner Salat.

Spaghetti mit Rucolapesto

Zutaten für 2–3 Personen:
30 g Pinienkerne
80–100 g Rucola
40 g getrocknete Tomaten in Öl
2–3 Knoblauchzehen
6–8 EL Olivenöl
30 g geriebener veganer Käse
1–2 EL Hefeflocken
Pfeffer aus der Mühle
Kräutersalz

200 g Vollkornspaghetti
geriebener veganer Käse zum Bestreuen

Spaghetti mit Rucolapesto

Zubereitung

- In einer beschichteten Pfanne die Pinienkerne ohne Öl von allen Seiten goldbraun anrösten, anschließend beiseitestellen und abkühlen lassen.
- Den Rucola waschen, trocken schleudern und mit einem Messer grob zerkleinern.
- Die getrockneten Tomaten in ein Sieb geben, abtropfen lassen und in Stücke schneiden.
- Den Knoblauch schälen und grob hacken.
- Die Pinienkerne, den Rucola, die getrockneten Tomaten und den Knoblauch zusammen mit den Hefeflocken und dem Olivenöl in der Küchenmaschine nicht zu fein pürieren.
- Zum Schluss den geriebenen veganen Käse unterrühren und mit Pfeffer und Kräutersalz abschmecken.
- Die Vollkornspaghetti in reichlich Salzwasser al dente kochen, abgießen und abtropfen lassen.
- Die Spaghetti mit einem Viertel des Pestos vermischen. Das restliche Pesto in eine Schale füllen und extra servieren.
- Nach Belieben mit geriebenem veganem Käse bestreuen.

Bandnudeln mit einfacher Tomatensauce

Zutaten für 2–3 Personen:
2 EL vegane Butter
2 EL Mehl
300 ml Gemüsebrühe
3–4 EL Tomatenmark
1 TL Weinessig
1 TL Ahornsirup
1 Messerspitze geriebene Muskatnuss
Pfeffer aus der Mühle
Kräutersalz

200 g Bandnudeln
geriebener veganer Käse zum Bestreuen

Bandnudeln mit einfacher Tomatensauce

Zubereitung

- In einem Topf die vegane Butter schmelzen lassen.
- Das Mehl mit dem Schneebesen einrühren.
- Mit der Gemüsebrühe ablöschen und unter ständigem Rühren einmal aufkochen lassen.
- Nach und nach das Tomatenmark und die übrigen Gewürzzutaten – Essig, Ahornsirup und Muskatnuss – hinzufügen und 10 Minuten auf kleiner Flamme köcheln lassen.
- Mit Pfeffer und Kräutersalz abschmecken.
- Die Nudeln in reichlich Salzwasser al dente kochen, abgießen, abtropfen lassen und zusammen mit der Tomatensauce servieren.
- Nach Belieben mit geriebenem veganem Käse bestreuen.

TIPP: Dazu passt ein Salat der Saison.

Spinatcannelloni im Tomatenbett

Zutaten für 2–3 Personen:
8 Cannellonirollen
Für die Spinatfüllung:
½ Zwiebel
1 Knoblauchzehe
1 EL Olivenöl
250 g tiefgekühlter Blattspinat
50 ml Sojasahne
¼ TL geriebene Muskatnuss
½ TL Gemüsebrühpulver
1 EL Hefeflocken
50 g geriebener veganer Käse
Pfeffer aus der Mühle

Für die Tomatensauce:
½ Zwiebel
2 Knoblauchzehen
1 EL Olivenöl
1 Dose gehackte Tomaten
200 ml Gemüsebrühe
2 EL gehackte Basilikumblätter
1 EL Oregano
1 TL Sojasauce
1 TL Balsamessig
1 TL Ahornsirup
¼ TL geriebene Muskatnuss
Pfeffer aus der Mühle
Kräutersalz

Für die Béchamelsauce:
1 EL vegane Butter
1 EL Mehl
150 ml Sojamilch
1 EL Hefeflocken
¼ TL geriebene Muskatnuss
½ TL Senf
1 TL Zitronensaft
Pfeffer aus der Mühle
Salz

50 - 100 g geriebener veganer Käse

Spinatcannelloni im Tomatenbett

Zubereitung

- Für die Spinatfüllung Zwiebel und Knoblauch schälen und fein hacken.
- Das Öl in einem Topf erhitzen und die Zwiebel- und Knoblauchstücke darin goldgelb anbraten.
- Den Blattspinat und die Sojasahne hinzufügen und auf kleiner Flamme einige Minuten köcheln lassen.
- Mit Muskatnuss, Gemüsebrühpulver und Hefeflocken würzen.
- Vom Herd nehmen und den geriebenen veganen Käse untermischen.
- Für die Tomatensauce Zwiebel und Knoblauch schälen und fein hacken.
- Das Öl in einem Topf erhitzen und die Zwiebel- und Knoblauchstücke darin goldgelb anbraten.
- Mit der Gemüsebrühe ablöschen, die Tomaten hinzufügen und auf kleiner Flamme köcheln lassen.
- Nach und nach die übrigen Gewürzzutaten – Basilikum, Oregano, Sojasauce, Balsamessig, Ahornsirup und Muskatnuss – hinzufügen.
- Mit Pfeffer und Kräutersalz abschmecken.
- Den Backofen auf 200 °C vorheizen.
- Für die Béchamelsauce die Butter in einem Topf schmelzen lassen und das Mehl mit dem Schneebesen einrühren.
- Mit der Sojamilch ablöschen und unter ständigem Rühren einmal aufkochen lassen.
- Die Gewürzzutaten – Hefeflocken, Muskatnuss, Senf und Zitronensaft – hinzufügen und mit Pfeffer und Salz abschmecken.
- Die Tomatensauce in eine gefettete Auflaufform füllen.
- Den Spinat in einen Spritzbeutel geben und die Cannelloni damit dicht vollfüllen. Statt in einen Spritzbeutel kann der Spinat auch in eine Gefriertüte gegeben und durch eine abgeschnittene Ecke in die Cannelloni gedrückt werden.
- Die gefüllten Cannelloni auf die Tomatensauce legen und mit der Béchamelsauce übergießen.
- Mit dem veganen Käse bestreuen und im Backofen ca. 20 bis 25 Minuten goldbraun überbacken.

Knoblauchspaghetti mit Cocktailtomaten

Zutaten für 2–3 Personen:
4–6 Knoblauchzehen
1 kleine Chilischote
25 ml Olivenöl
3 EL Sojasahne
1 EL Hefeflocken
Pfeffer aus der Mühle
Kräutersalz

8 Cocktailtomaten
¼ Bund Petersilie
6 Basilikumblätter
1 TL Oregano (oder Thymian, Majoran)
1 EL Balsamessig
Kräutersalz

250 g Vollkornspaghetti

Knoblauchspaghetti mit Cocktailtomaten

Zubereitung

- Den Knoblauch schälen und durch eine Knoblauchpresse in eine kleine Schale drücken.
- Die Chilischote waschen, längs halbieren, entkernen und in feine Streifen schneiden.
- Den Knoblauch und die Chilischote mit dem Öl begießen und 30 Minuten durchziehen lassen – besser über Nacht.
- Die Tomaten waschen und halbieren.
- Die Petersilie und die Basilikumblätter waschen und klein schneiden.
- Tomaten, Petersilie, Basilikum und Oregano mit Balsamessig beträufeln und mit Kräutersalz würzen.
- Die Vollkornspaghetti in reichlich Salzwasser al dente kochen, abgießen und abtropfen lassen.
- Im Kochtopf der Spaghetti das Knoblauch-Chili-Öl erhitzen und den Knoblauch darin glasig dünsten. Achtung, dass er nicht anbrennt.
- Die Sojasahne und die Hefeflocken hinzufügen und mit Pfeffer und Kräutersalz abschmecken.
- Die Vollkornspaghetti zurück in den Topf geben, mit der Sauce vermischen und noch einmal kurz erwärmen.
- Zum Schluss die marinierten Tomaten hinzufügen und vorsichtig unterheben.

Gefüllte Lasagnerollen auf Paprikacreme

Zutaten für 2–3 Personen:
8 Lasagneblätter
Für die Füllung:
80 g feine Sojaschnetzel
1 Tasse heiße Gemüsebrühe
1 EL Sojasauce
1 TL Zitronensaft
15 g getrocknete Pilze
1 Zwiebel
2 Knoblauchzehen
300 g Champignons
1 Karotte
1 Stück Sellerie
1 EL Olivenöl
1 EL Tomatenmark
50 ml trockener Rotwein
50 ml Gemüsebrühe
½ TL gemahlener Kümmel
1 TL gemahlener Koriander
1 EL Oregano
½ Bund Petersilie
1 EL Mehl, 2 EL Wasser
Pfeffer aus der Mühle
Kräutersalz
Für die Paprikacreme:
1 rote Paprikaschote
2 Tomaten
1 kleine Zwiebel
1 Knoblauchzehe
2 EL Olivenöl
100 ml Gemüsebrühe
1 TL geriebener Ingwer
1 TL edelsüßes Paprikapulver
½ TL Gemüsebrühpulver
1 TL Balsamessig
½ TL Ahornsirup
100 ml Sojasahne
Pfeffer aus der Mühle
Kräutersalz
30 g veganer Käse

Gefüllte Lasagnerollen auf Paprikacreme

Zubereitung

- Für die Füllung die Gemüsebrühe, die Sojasauce und den Zitronensaft in einer kleinen Schüssel mischen und die Sojaschnetzel darin einweichen.
- Die getrockneten Pilze in wenig Wasser einweichen.
- Die Lasagneblätter in kochendem Wasser 6 Minuten garen, mit kaltem Wasser abschrecken und abtropfen lassen.
- Die Zwiebel und den Knoblauch schälen und fein hacken.
- Die Champignons putzen und in kleine Würfel schneiden.
- Die Karotte und den Sellerie schälen und klein würfeln.
- Das Öl in einer beschichteten Pfanne erhitzen und die Zwiebelstücke darin goldbraun anrösten.
- Das Tomatenmark hinzufügen und mitanrösten.
- Mit dem Rotwein und der Gemüsebrühe ablöschen.
- Die Champignons, die Karotten- und Selleriewürfel und die Sojaschnetzel hinzufügen und auf kleiner Flamme köcheln lassen.
- Die Pilze klein schneiden und zusammen mit dem Einweichwasser und den übrigen Zutaten – Kümmel, Koriander und Kräutern – hinzufügen.
- Das Mehl mit dem Wasser verrühren und einrühren.
- Die Petersilie waschen, fein schneiden und unterheben.
- Mit Pfeffer und Kräutersalz abschmecken.
- Den Backofen auf 200 °C vorheizen.
- Für die Paprikacreme die Paprikaschote waschen, halbieren und vom Kerngehäuse befreien. Tomaten waschen, vom Stielansatz befreien und entkernen. Paprikaschoten und Tomaten in kleine Würfel schneiden.
- Die Zwiebel und den Knoblauch schälen und fein hacken.
- Das Öl in einer beschichteten Pfanne erhitzen und zuerst die Zwiebel, dann die Paprika, den Knoblauch und die Tomaten darin einige Minuten dünsten.
- Mit der Gemüsebrühe ablöschen und 15 Minuten köcheln lassen.
- Die übrigen Gewürzzutaten – Ingwer, Paprikapulver, Gemüsebrühpulver, Balsamessig und Ahornsirup – hinzufügen und am Ende der Kochzeit mit dem Passierstab pürieren.
- Die Sojasahne hinzufügen und mit Pfeffer und Kräutersalz abschmecken.
- Die Pilzfüllung auf den Lasagneblättern verteilen, die Blätter aufrollen und in eine eingefettete Auflaufform nebeneinander legen.
- Die Paprikacreme gleichmäßig auf den Rollen verteilen, mit dem veganen Käse bestreuen und 25 Minuten im vorgeheizten Backofen fertig garen.

Spaghetti „Bolognese“

Zutaten für 2–3 Personen:
200 g Vollkornspaghetti

80 g feine Sojaschnetzel
1 Tasse heiße Gemüsebrühe
1 EL Sojasauce
1 TL Zitronensaft

6 getrocknete Tomatenstücke
30 ml Rotwein

1 Zwiebel
2 Knoblauchzehen
1 Stück Ingwer (ca. 1,5 x 1,5 cm)
1 Karotte
1 Scheibe Knollensellerie
2 EL Olivenöl
2 EL Tomatenmark
50 ml trockener Rotwein
125 ml Gemüsebrühe
1 Dose geschälte, gehackte Tomaten

2 EL Oregano
(oder Majoran, Thymian)
1 EL edelsüßes Paprikapulver
1 Messerspitze Kümmel
1 TL Ahornsirup
1 TL Sambal Oelek
2 EL Sojasauce
1 EL Zitronensaft
Pfeffer aus der Mühle
Kräutersalz

geriebener veganer Käse
zum Bestreuen

Spaghetti „Bolognese“

Zubereitung

- Die Sojaschnetzel in der Gemüsebrühe, der Sojasauce und dem Zitronensaft einweichen.
- Die getrockneten Tomaten in kleine Würfel schneiden. Zusammen mit dem Rotwein in einen kleinen Topf geben und auf kleiner Flamme köcheln lassen, bis fast die ganze Flüssigkeit verdampft ist bzw. von den Tomaten aufgesogen wurde.
- Die Zwiebel, den Knoblauch, den Ingwer, die Karotte und den Sellerie schälen und in kleine Würfel schneiden.
- Das Öl in einer beschichteten Pfanne erhitzen und die Zwiebelstücke darin goldbraun anbraten.
- Das Tomatenmark hinzufügen und ebenfalls anbraten. Achtung, dass es nicht anbrennt.
- Mit dem Rotwein und der Gemüsebrühe ablöschen.
- Die restlichen Gemüsewürfel, die Tomaten aus der Dose, die getrockneten Tomaten und die Sojaschnetzel hinzufügen und auf kleiner Flamme 30 bis 40 Minuten köcheln lassen.
- Die restlichen Gewürzzutaten – Oregano, Paprikapulver, Kümmel, Ahornsirup, Sambal Oelek und Sojasauce – hinzufügen.
- Am Ende der Kochzeit mit Pfeffer und Kräutersalz abschmecken.
- Nudeln in reichlich Salzwasser al dente kochen, abgießen und abtropfen lassen.
- Zusammen mit der „Bolognese“-Sauce und mit veganem Käse bestreut servieren.

Chinesische Nudeln mit Wokgemüse

Zutaten für 2–3 Personen:

Gemüse der Saison – z. B.:
1 Zwiebel
2 Knoblauchzehen
1 Stück Ingwer (ca. 1,5 x 1,5 cm)
2 kleine Karotten
1 rote Paprikaschote
100 g Brokkoli (oder Blumenkohl)
8 Champignons
ein paar Bohnen, Erbsen, ein Stück Fenchel etc.
1 Dose Bambussprossen (optional)
100 g geräucherter Tofu (optional)
150 ml Gemüsebrühe (oder Wasser und 1 China-Brühwürfel)
1 EL Olivenöl
1 TL rote Pfefferkörner
1 TL Koriandersamen
2 TL chinesisches Gewürzpulver
1 TL Sambal Oelek
1 TL Zitronensaft
1 TL Ahornsirup
3 EL Sojasauce
3 EL Sojasahne
Kräutersalz

150 g chinesische Nudeln

Chinesische Nudeln mit Wokgemüse

Zubereitung

- Die Zwiebel schälen, halbieren und in nicht zu dünne Scheiben schneiden.
- Den Knoblauch und den Ingwer schälen und in kleine Würfel schneiden.
- Die Karotten schälen und in Scheiben schneiden.
- Die Paprikaschote waschen, halbieren, vom Kerngehäuse befreien und in Streifen schneiden.
- Den Brokkoli waschen und in kleine Röschen teilen.
- Die Champignons waschen und in Scheiben schneiden.
- Den Räuchertofu in Würfel schneiden.
- Das Öl in einer beschichteten Pfanne oder in einem Wok erhitzen und die Zwiebelstücke darin goldbraun anbraten.
- Das restliche Gemüse – Knoblauch, Ingwer, Karotte, Paprika, Brokkoli, Champignons und Räuchertofu – hinzufügen und kurz mitanbraten.
- Die Bambussprossen hinzufügen, mit der Gemüsebrühe ablöschen und 15 Minuten auf kleiner Flamme köcheln lassen.
- Die restlichen Gewürzzutaten – Pfefferkörner, Koriandersamen, chinesisches Gewürzpulver, Sambal Oelek, Zitronensaft, Ahornsirup und Sojasauce – hinzufügen.
- Am Ende der Kochzeit die Sojasahne unterrühren und bei Bedarf mit Kräutersalz abschmecken.
- Die chinesischen Nudeln nach Packungsanweisung al dente kochen, abgießen und abtropfen lassen.
- Zusammen mit dem Wokgemüse servieren.

TIPP: Sojasauce und Sambal Oelek zum individuellen Nachwürzen auf den Tisch stellen.

Pasta mit scharfem Blumenkohl-Kokos-Gemüse

Zutaten für 2–3 Personen:
200 g Teigwaren
1 Zwiebel
2 Knoblauchzehen
1 Stück Ingwer (ca. 1,5 x 1,5 cm)
300 g Blumenkohl
8 Champignons
2 EL Olivenöl
200 ml Gemüsebrühe
300 ml Kokosmilch
1 chinesischer Brühwürfel
1 EL Zitronengraspaste aus dem Glas
2 EL Sojasauce
1 TL Garam Masala
1 TL Sambal Oelek
1 TL Zitronensaft
1 TL Ahornsirup
4 EL mittelfeine Sojaschnetzel
2 EL Mehl
3 EL Wasser
Kräutersalz

Pasta mit scharfem Blumenkohl-Kokos-Gemüse

Zubereitung

- Die Zwiebel schälen, halbieren und in breite Scheiben schneiden.
- Den Knoblauch und den Ingwer schälen und fein hacken.
- Den Blumenkohl waschen und in Röschen teilen.
- Die Champignons waschen und vierteln.
- Das Öl in einem breiten Topf erhitzen und die Zwiebelstücke darin goldbraun anbraten.
- Den Knoblauch, den Ingwer, die Champignons und den Blumenkohl hinzufügen und kurz mitanbraten.
- Mit der Gemüsebrühe und der Hälfte der Kokosmilch ablöschen und 15 Minuten köcheln lassen.
- Die übrigen Gewürzzutaten – Zitronengras, Sojasauce, Garam Masala, Sambal Oelek, Zitronensaft und Ahornsirup – sowie die Sojaschnetzel hinzufügen.
- Am Ende der Kochzeit das Mehl mit dem Wasser verrühren und hinzufügen.
- Einmal kurz aufkochen lassen und dann die Hitze auf kleine Stufe reduzieren.
- Die restliche Kokosmilch hinzufügen und mit Kräutersalz abschmecken.
- Die Teigwaren in reichlich Salzwasser al dente kochen, abgießen, abtropfen lassen und mit dem Blumenkohlgemüse servieren.

Backofenmakkaroni mit feinem Gemüse

Zutaten für 2–3 Personen:

200 g Makkaroni

1 Zwiebel
1 Knoblauchzehe
1 EL Olivenöl
200 g tiefgekühlte Erbsen
200 g Brokkoli
¼ Bund Petersilie
4 Basilikumblätter
1 TL Balsamessig
Pfeffer aus der Mühle
Kräutersalz

1 Glas Spargeln

2 EL vegane Butter
3 EL Mehl
500 ml Sojamilch
10 ml Weißwein
½ TL Senf
½ TL gemahlene Kurkuma
2 EL Hefeflocken
1 Messerspitze geriebene Muskatnuss
1 TL Zitronensaft
Pfeffer aus der Mühle
Kräutersalz

50 g geriebener veganer Käse

Backofenmakkaroni mit feinem Gemüse

Zubereitung

- Die Zwiebel und den Knoblauch schälen und fein hacken.
- Den Brokkoli waschen und in Röschen teilen.
- Die Petersilie und die Basilikumblätter waschen und klein schneiden.
- Die Erbsen auftauen lassen.
- Das Öl in einem Topf erhitzen und die Zwiebelstücke darin goldgelb andünsten.
- Den Knoblauch, die Erbsen und den Brokkoli hinzufügen und einige Minuten mitandünsten.
- Die Petersilie und das Basilikum hinzufügen, mit Essig, Pfeffer und Kräutersalz abschmecken und beiseitestellen.
- Die Makkaroni in reichlich Salzwasser al dente kochen, abgießen, mit kaltem Wasser abschrecken und abtropfen lassen.
- Den Backofen auf 200 °C vorheizen.
- Für die Béchamel die vegane Butter in einem Topf schmelzen lassen und das Mehl mit einem Schneebesen einrühren.
- Mit der Sojamilch und dem Weißwein ablöschen und einmal aufkochen lassen.
- Mit Senf, Kurkuma, Hefeflocken, Muskatnuss und Zitronensaft würzen und mit Pfeffer und Kräutersalz abschmecken.
- In eine gefettete Auflaufform ein paar Löffel Béchamelsauce geben. Darauf folgende Schichten einfüllen:
  Makkaroni, Gemüse, Béchamelsauce
  Makkaroni, Spargeln, Béchamelsauce
  Makkaroni, Gemüse, Béchamelsauce
  Makkaroni, Béchamelsauce
- Den veganen Käse darauf verteilen und im vorgeheizten Backofen 30 bis 40 Minuten goldbraun backen.

Schwäbische „Maultaschen“

Zutaten für 2–3 Personen:
200 g Weizenmehl
50 g Hartweizengrieß
1 TL Salz
2 EL Olivenöl
ca. 100 ml Wasser

1 altbackenes Brötchen
1 Zwiebel
1 Knoblauchzehe
1 EL vegane Butter
200 g tiefgekühlter Blattspinat
100 g Räuchertofu
50 ml Sojasahne
1 EL Hefeflocken
½ TL Gemüsebrühpulver
1 Messerspitze geriebene Muskatnuss
½ Bund Petersilie
Pfeffer aus der Mühle
Kräutersalz
Vollkornsemmelbrösel

Schwäbische „Maultaschen“

Zubereitung

- Weizenmehl, Hartweizengrieß und Salz vermischen.
- Wasser und Öl hinzufügen und ca. 5 bis 10 Minuten mit den Händen einen geschmeidigen, festen Teig kneten.
- Sollte der Teig noch kleben, etwas mehr Mehl dazugeben.
- Den Teig in Frischhaltefolie wickeln und bei Zimmertemperatur eine Stunde ruhen lassen.
- Den Spinat auftauen lassen.
- Das Brötchen in kleine Würfel schneiden.
- Die Zwiebel und den Knoblauch schälen und fein hacken.
- Den aufgetauten Spinat klein schneiden.
- Den Räuchertofu in kleine Würfel schneiden.
- Die Petersilie waschen und fein hacken.
- Die vegane Butter in einem Topf erhitzen und die Zwiebel- und Knoblauchstücke darin glasig dünsten.
- Den Spinat und den Räuchertofu hinzufügen und mit der Sojasahne ablöschen.
- Zusammen mit den Brotwürfeln die Gewürzzutaten – Hefeflocken, Gemüsebrühpulver, Muskatnuss und Petersilie – hinzufügen und mit Pfeffer und Kräutersalz abschmecken.
- Mit dem Passierstab grob pürieren.
- Zum Schluss Semmelbrösel nach Bedarf dazugeben. Die Füllung sollte eine feste Konsistenz haben.
- Den Teig aus der Frischhaltefolie nehmen und dünn ausrollen und die Teigplatte mit Wasser bepinseln.
- Die Teigplatte in Rechtecke der gewünschten Größe – z. B. 5 x 10 cm – schneiden.
- Die Füllung auf die eine Hälfte der Rechtecke geben, dabei rundum einen Rand lassen. Rechtecke zusammenklappen und die Ränder fest andrücken.
- Die Maultaschen in einem großen, breiten Topf mit leicht kochendem Salzwasser ca. 10 Minuten ziehen lassen.
- Die Maultaschen abschöpfen und in einer Gemüsebrühe anrichten oder in veganer Butter anbraten und mit gerösteten Zwiebeln und einem Salat servieren.

Lasagne

Zutaten für 2–3 Personen:
100 g Lasagneblätter

Für die „Bolognese-Sauce“:
1 Tasse feine Sojaschnetzel
1 Tasse heiße Gemüsebrühe
2 EL Sojasauce
1 TL Zitronensaft
1 Zwiebel
2 Knoblauchzehen
2 Karotten
1 Scheibe Sellerie
2 EL Olivenöl
2 EL Tomatenmark
150–200 ml Gemüsebrühe
50 ml Rotwein
(oder Gemüsebrühe)
1 Dose gehackte Tomaten
2 EL Sojasauce
2 EL Oregano
½ TL Ahornsirup
1 EL Zitronensaft
1 TL Sambal Oelek
1 EL edelsüßes Paprikapulver
Pfeffer aus der Mühle
Kräutersalz

Für die Béchamelsauce:
30 g vegane Butter
30 g Mehl
500 ml Sojamilch
2 EL Hefeflocken
1 TL Senf
1 EL Zitronensaft
¼ TL gemahlene Kurkuma
½ TL geriebene Muskatnuss
Pfeffer aus der Mühle
Salz

50 g geriebener veganer Käse (oder 2 EL Hefeflocken)

Lasagne

Zubereitung

- Für die „Bolognese-Sauce“ die Gemüsebrühe, die Sojasauce und den Zitronensaft in einer kleinen Schüssel mischen und die Sojaschnetzel darin einweichen.
- Zwiebel und Knoblauch schälen und klein hacken.
- Karotten und Sellerie schälen und in kleine Würfel schneiden.
- Das Öl in einer beschichteten Pfanne erhitzen und die Zwiebelstücke darin goldbraun anbraten.
- Das Tomatenmark dazugeben und unter ständigem Rühren mitanbraten. Achtung, dass es nicht anbrennt.
- Die Karotten- und Selleriewürfel und die Sojaschnetzel hinzufügen und 1 bis 2 Minuten mitanbraten.
- Mit der Gemüsebrühe, dem Rotwein und den Tomaten aus der Dose ablöschen.
- Die Gewürzzutaten – Sojasauce, Oregano, Ahornsirup, Zitronensaft, Sambal Oelek und Paprikapulver – hinzufügen und ca. 30 Minuten köcheln lassen.
- Mit Pfeffer und Kräutersalz abschmecken.
- Den Backofen auf 200 °C vorheizen
- Für die Béchamelsauce die vegane Butter in einem Topf schmelzen lassen.
- Das Mehl mit dem Schneebesen einrühren und unter ständigem Rühren mit der Sojamilch ablöschen und einmal aufkochen lassen.
- Die Gewürzzutaten – Hefeflocken, Senf, Zitronensaft, Kurkuma und Muskatnuss – hinzufügen und mit Pfeffer und Salz kräftig abschmecken.
- Eine Auflaufform fetten und als unterste Lage eine dünne Schicht der „Bolognese-Sauce“ geben.
- Darauf dann abwechselnd Lasagneblätter, „Bolognese-Sauce“ und Béchamelsauce einfüllen.
- Den veganen Käse mit der restlichen Béchamelsauce verrühren und diese als Deckschicht auf der Gemüselasagne verteilen.
- Im vorgeheizten Backofen 30 bis 40 Minuten goldbraun backen.

Pasta mit Pilzpesto

Zutaten für 2–3 Personen:
200 g Pasta nach Wahl
20 g Pinienkerne
1 EL Sonnenblumenkerne
200 g Pilze nach Wahl
4 getrocknete Tomatenstücke
50 ml trockener Weißwein
1 Zwiebel
2 Knoblauchzehen
2 EL vegane Butter
1 TL Zitronensaft
1 Messerspitze Kümmel
½ TL gemahlener Koriander
½ TL Gemüsebrühpulver
1 EL Sojasauce
3 EL Olivenöl
1 EL Kürbiskernöl (oder Mandelöl)
50 g Rucola
Pfeffer aus der Mühle
Kräutersalz

geriebener veganer Käse zum Bestreuen

Pasta mit Pilzpesto

Zubereitung

- Die Pinien- und Sonnenblumenkerne in einer beschichteten Pfanne ohne Öl goldbraun anrösten. Dann beiseitestellen und abkühlen lassen.
- Pilze waschen, putzen und in Würfel schneiden.
- Getrocknete Tomaten in kleine Würfel schneiden und in Weißwein 10 Minuten garen.
- Den Rucola verlesen, waschen, trocken schleudern und klein schneiden.
- Die Zwiebel und den Knoblauch schälen und fein hacken.
- Die Petersilie waschen und klein schneiden.
- In einer beschichteten Pfanne die vegane Butter erhitzen und die Zwiebelstücke darin goldbraun anbraten.
- Die Pilze dazugeben und kurz mitanbraten.
- Den Knoblauch und die restlichen Gewürzzutaten – Zitronensaft, Kümmel, Koriander, Gemüsebrühpulver und Sojasauce – hinzufügen und auf kleiner Flamme ein paar Minuten köcheln lassen.
- Die Pinien- und Sonnenblumenkerne, die getrockneten Tomaten, das Pilzgemüse und den Rucola zusammen mit dem Oliven- und Kürbiskernöl mit dem Passierstab grob pürieren.
- Mit Pfeffer und Kräutersalz abschmecken.
- Die Pasta in reichlich Salzwasser al dente kochen, abgießen, abtropfen lassen und mit dem Pilzpesto mischen.
- Nach Belieben mit veganem geriebenem Käse bestreuen.

Aufläufe und Eintöpfe

Brokkoli-Kartoffel-Auflauf mit Pilzen

Zutaten für 2–3 Personen:

250 g Brokkoli
300 g Kartoffeln
250 g Champignons
oder Austernpilze
1 EL vegane Butter
1 TL Zitronensaft
1 Messerspitze Kümmel
1 TL Kräuter der Provence
(oder Bohnenkraut)
2 EL Sojasauce

1 Zwiebel
1 Knoblauchzehe
1 Tomate
1 rote Paprikaschote
3 EL Olivenöl
1 TL Zitronensaft
½ TL Ahornsirup
1 Stück frischer Ingwer (1,5 x 1,5 cm)
1 TL edelsüßes Paprikapulver
Pfeffer aus der Mühle
Kräutersalz
100 ml Sojamilch
100 ml Gemüsebrühe

1 EL vegane Butter
1 EL Mehl
150 ml Sojamilch
1 TL Hefeflocken
1 Messerspitze geriebene
Muskatnuss
½ TL Senf
1 TL Zitronensaft
Kräutersalz

Brokkoli-Kartoffel-Auflauf mit Pilzen

Zubereitung

- Kartoffeln in Salzwasser 15 Minuten kochen, abgießen, mit kaltem Wasser abschrecken, schälen und in Scheiben schneiden.
- Den Brokkoli waschen und in kleine Röschen teilen.
- Die Pilze putzen und in mundgerechte Stücke schneiden.
- Den Backofen auf 200 °C vorheizen.
- In einer beschichteten Pfanne die vegane Butter schmelzen und die Pilze darin anbraten.
- Mit den restlichen Zutaten – Zitronensaft, Kümmel, Kräuter der Provence und Sojasauce – würzen.
- Die Zwiebel und den Knoblauch schälen und klein hacken.
- Die Tomate waschen, vom Stielansatz befreien und in kleine Würfel schneiden.
- Die Paprikaschote waschen, längs halbieren, vom Kerngehäuse befreien und in kleine Würfel schneiden.
- Das Öl in einer beschichteten Pfanne erhitzen und die Zwiebelstücke und Paprikawürfel kross anbraten. Die restlichen Zutaten – Tomate, Zitronensaft, Ahornsirup, klein geschnittenen Ingwer und Paprikapulver – hinzufügen und mit der Sojamilch und der Gemüsebrühe ablöschen.
- Das Paprikagemüse ein paar Minuten köcheln lassen und anschließend fein pürieren.
- Mit Pfeffer und Kräutersalz abschmecken.
- In einem Topf die vegane Butter schmelzen und das Mehl mit dem Schneebesen einrühren.
- Mit Sojamilch ablöschen und mit den restlichen Zutaten – Hefeflocken, Muskatnuss, Senf und Zitronensaft – würzen und mit Kräutersalz abschmecken.
- Die Kartoffelscheiben in eine gefettete Auflaufform schichten.
- Das Pilzgemüse darüber geben und mit den Brokkoliröschen belegen.
- Die Paprikasauce darauf verteilen und mit der Béchamelsauce bedecken.
- Den Auflauf 30 Minuten backen.

Chili sin carne

Zutaten für 2–3 Personen:

1 Zwiebel
2 Knoblauchzehen
50 g feine Sojaschnetzel
100 ml heiße Gemüsebrühe
2 EL Sojasauce
1 rote Paprikaschote
1 Karotte
1 Stängel Staudensellerie
½ Chilischote
2 EL Olivenöl
2 EL Tomatenmark
100 ml Gemüsebrühe
1 Dose geschälte, gehackte Tomaten
1 Dose Kidneybohnen
1–2 TL Sambal Oelek
(oder Chilipulver)
1 EL Kräuter der Provence
(oder Bohnenkraut)
½ TL gemahlener Kümmel
1 TL Koriandersamen
1 Lorbeerblatt
1–2 TL edelsüßes Paprikapulver
2 EL Sojasauce
½ TL Ahornsirup
Pfeffer aus der Mühle
Kräutersalz
1 TL Zitronensaft

Chili sin carne

Zubereitung

- Zwiebel und Knoblauch schälen und klein hacken.
- Die Gemüsebrühe und die Sojasauce in einer kleinen Schüssel mischen und die Sojaschnetzel darin einweichen.
- Die Paprikaschote waschen, längs halbieren, vom Kerngehäuse befreien und in kleine Würfel schneiden.
- Ebenso die Karotte, den Staudensellerie und die Chilischote waschen, entkernen und klein schneiden.
- Die Kidneybohnen in ein Sieb schütten und mit klarem Wasser abspülen.
- Das Öl in einer beschichteten Pfanne erhitzen und die Zwiebelstücke darin goldbraun anbraten.
- Das Tomatenmark dazugeben und bei hoher Hitze und unter ständigem Rühren ebenso anbraten.
  Achtung, dass es nicht anbrennt.
- Mit der Gemüsebrühe und den Tomaten ablöschen und auf kleiner Flamme köcheln lassen.
- Das klein geschnittene Gemüse – Knoblauch, Paprika, Karotte, Staudensellerie und Chilischote – sowie die Kidneybohnen und die Sojaschnetzel hinzufügen.
- Ebenso die restlichen Gewürzzutaten – Sambal Oelek, Kräuter, Kümmel, Koriandersamen, Lorbeerblatt, Paprikapulver, Sojasauce, Ahornsirup und Pfeffer – hinzufügen und 30 Minuten köcheln lassen.
- Den Zitronensaft hinzufügen und mit Kräutersalz abschmecken.

Eintopf mit weißen Bohnen

Zutaten für 2–3 Personen:

100 g Nudeln nach Wahl
(z. B. Band- oder Hörnchennudeln)
100 g Räuchertofu
2 EL Sojasauce
1 TL Zitronensaft
1 Zwiebel
2 Knoblauchzehen
1 rote Paprikaschote
5 braune Champignons
5 getrocknete Tomatenstücke
2 EL Olivenöl
100 ml Gemüsebrühe
100 ml passierte Tomaten
1 Dose weiße Bohnen
1 EL Balsamessig
1 Lorbeerblatt
1 EL Kräuter der Provence
(oder Bohnenkraut)
½ TL gemahlener Kümmel
1 TL Sambal Oelek
1 TL edelsüßes Paprikapulver
½ TL Ahornsirup
Pfeffer aus der Mühle
Kräutersalz
Kresse zur Dekoration

Eintopf mit weißen Bohnen

Zubereitung

- Die Nudeln in reichlich Salzwasser al dente kochen, abgießen und abtropfen lassen.
- Den Tofu in kleine Würfel schneiden und mit der Sojasauce und dem Zitronensaft beträufeln.
- Die Zwiebel und den Knoblauch schälen und klein hacken.
- Die Paprikaschote waschen, längs halbieren, vom Kerngehäuse befreien und in kleine Würfel schneiden.
- Die Champignons waschen und zusammen mit den getrockneten Tomaten ebenso klein schneiden.
- Die weißen Bohnen in ein Sieb schütten und mit klarem Wasser abspülen.
- Das Öl in einer beschichteten Pfanne erhitzen und die Zwiebelstücke darin goldbraun anbraten.
- Den Knoblauch, die Paprika, die Champignons und die getrockneten Tomaten hinzufügen und mit der Gemüsebrühe und den passierten Tomaten ablöschen.
- Jetzt den Räuchertofu zusammen mit der Marinade und den weißen Bohnen hinzufügen und auf kleiner Flamme ca. 30 Minuten köcheln lassen.
- Nach und nach die restlichen Gewürzzutaten – Balsamessig, Lorbeerblatt, Kräuter, Kümmel, Sambal Oelek, Paprikapulver, Ahornsirup und Pfeffer – hinzufügen.
- Mit Kräutersalz abschmecken.
- Vor dem Servieren das Lorbeerblatt entfernen und die Nudeln unterheben.
- Mit einem Kressehäubchen servieren.

Pfannkuchen mit Pilzfüllung

Zutaten für 2–3 Personen:

Für die Pfannkuchen:

150 g Weizenmehl (Type 405)
2 EL Sojamehl
½ TL Backpulver
175 ml Sojamilch
125 ml Mineralwasser mit Kohlensäure
½ TL Salz
1 TL Kräutersalz
1 EL Schnittlauchröllchen
Olivenöl zum Ausbacken

Für die Füllung:

300 g Pilze
1 Zwiebel
1 Knoblauchzehe
2 EL Olivenöl
1 EL Tomatenmark
150 ml Gemüsebrühe
80 ml Weißwein
2 EL Sojasauce
½ bis 1 TL gemahlener Kümmel
150 ml Sojasahne
½ Bund Petersilie
Pfeffer aus der Mühle
Kräutersalz

Pfannkuchen mit Pilzfüllung

Zubereitung

- Für die Pfannkuchen das Weizen- und das Sojamehl mit dem Backpulver und dem Salz vermischen.
- Die Sojamilch und das Mineralwasser hinzufügen und mit dem Handrührgerät oder mit dem Schneebesen zu einem glatten Teig verrühren.
- Mit Kräutersalz würzen.
- Den Pfannkuchenteig 30 Minuten ausquellen lassen.
- Wenn er zu dickflüssig ist, mit etwas Wasser verdünnen.
- Den Backofen auf 100 °C vorheizen.
- Für die Füllung die Pilze putzen und würfeln.
- Die Zwiebel schälen und klein hacken.
- In einer beschichteten Pfanne das Öl erhitzen und die Zwiebelstücke scharf anbraten.
- Das Tomatenmark dazugeben und unter ständigem Rühren kurz mitanrösten. Achtung, dass es nicht anbrennt.
- Mit der Gemüsebrühe und dem Weißwein ablöschen.
- Die Pilze und die restlichen Gewürzzutaten – Kümmel, Sojasauce und Pfeffer – hinzufügen und ca. 15 Minuten köcheln lassen.
- Am Ende der Kochzeit die gewaschene Petersilie klein hacken und hinzufügen, die Sojasahne unterrühren und mit Kräutersalz abschmecken.
- In einer beschichteten Pfanne das Öl erhitzen und mit einer Schöpfkelle ein Viertel des Teigs hinzufügen und gleichmäßig verteilen.
- Den Pfannkuchen von beiden Seiten goldgelb ausbacken, auf einen Teller legen und im Backofen warm halten.
- Mit dem restlichen Teig gleich verfahren.
- Die Pfannkuchen mit der Pilzfüllung bestreichen, aufrollen oder einmal umklappen und mit einem frischen grünen Salat servieren.

TIPP: Die gefüllten Pfannkuchen können auch nebeneinander in eine gefettete Auflaufform gelegt werden, mit einer Béchamelsauce übergossen und im Backofen überbacken werden.

Köstlicher Gemüseeintopf

Zutaten für 2–3 Personen:
700–800 g Gemüse (nach Saison) z. B.:
Rosenkohl
Kartoffeln
Blumenkohl
Erbsen
Karotten
Sellerie
Zwiebeln
Brokkoli etc.
¼ Bund Petersilie
2 EL Schnittlauchröllchen
50 g Bulgur
1 l Gemüsebrühe
geriebene Muskatnuss
Pfeffer aus der Mühle

Köstlicher Gemüseeintopf

Zubereitung

- Gemüse waschen, putzen und in mundgerechte Stücke schneiden.
- Die Gemüsebrühe in einem hohen Topf zum Kochen bringen.
- Das Gemüse und den Bulgur hineingeben und auf kleiner Flamme ca. 25 Minuten köcheln lassen.
- Mit Muskatnuss und Pfeffer abschmecken.
- Die gewaschene Petersilie klein hacken und den gewaschenen Schnittlauch in kleine Röllchen schneiden.
- Zum Schluss mit der Petersilie und dem Schnittlauch bestreut servieren.
- Pfeffer und Muskatnuss zum individuellen Nachwürzen auf den Tisch stellen.

TIPP: Ein ideales Gericht am Samstagmittag nach dem Marktbesuch.

Kartoffel-Kraut-Strudel

Zutaten für 2–3 Personen:

Für den Teig:
250 g helles Mehl
125 ml warmes Wasser
2 EL Olivenöl
1 TL Essig
Salz

Für die Füllung:
300 g Kartoffeln
300 g Weißkraut
100 g Räuchertofu
2 EL Sojasauce
1 Zwiebel
2 Knoblauchzehen
2 EL Olivenöl
5 getrocknete Tomatenstücke
10 Walnusshälften
½ Bund Petersilie
100 ml Sojasahne
(oder Hafercuisine)
1 EL Sojamehl (oder Speisestärke)
1 Messerspitze geriebene Muskatnuss
½ TL gemahlener Kümmel
Pfeffer aus der Mühle
Kräutersalz

Zum Bestreichen:
2 EL vegane Butter
1 EL Sojasahne

Kartoffel-Kraut-Strudel

Zubereitung

- Für den Teig das Mehl in eine Schüssel geben, warmes Wasser, Olivenöl und das Salz dazugeben und mit dem Knethaken des Handrührgeräts gut durchkneten – je länger desto besser.
- Den Teig zu einer Kugel formen und in Frischhaltefolie gewickelt mindestens eine Stunde ruhen lassen.
- Für die Füllung die Kartoffeln schälen und in kleine Würfel schneiden.
- Den Krautkopf halbieren, von den äußeren Blättern und vom Strunk befreien und feinnudelig schneiden.
- Den Räuchertofu in kleine Würfel schneiden und in einer kleinen Schüssel mit der Sojasauce beträufeln.
- Die getrockneten Tomaten in kleine Würfel schneiden.
- Die Walnusskerne und die Petersilie hacken.
- Die Zwiebel und den Knoblauch klein schneiden.
- In einer beschichteten Pfanne das Öl erhitzen und die Zwiebelstücke zusammen mit den Kartoffelwürfeln und dem abgetropften Weißkraut ca. 10 bis 15 Minuten goldbraun anbraten.
- Die restlichen Zutaten – Knoblauch, Räuchertofu samt Marinade, getrocknete Tomaten und Walnüsse – hinzufügen.
- Die Sojasahne mit dem Sojamehl, der Muskatnuss und dem Kümmel verrühren und über das Gemüse geben.
- Mit Kräutersalz abschmecken und abkühlen lassen.
- Den Backofen auf 250 °C vorheizen.
- Den Strudelteig auf der mit Mehl bestäubten Arbeitsfläche möglichst dünn ausrollen und anschließend auf ein mit Mehl bestäubtes Geschirrtuch legen.
- Die Gemüsefüllung gleichmäßig auf dem Teig verteilen und rundum einen Rand lassen.
- Die kürzeren Seiten ca. 5 cm über die Füllung einschlagen und den Strudel mit Hilfe des Geschirrhandtuchs aufrollen.
- Ein Backblech mit Backpapier belegen und den Strudel mit der Nahtseite nach unten vorsichtig darauflegen.
- Zum Bestreichen die vegane Butter schmelzen und mit der Sojasahne mischen. Strudel mit der Mischung bestreichen und 5 Minuten anbacken.
- Dann die Temperatur auf 180 °C reduzieren und den Strudel 35 Minuten goldbraun fertig backen.
- Während der Backzeit noch einmal mit der Butter-Sojasahne-Mischung bestreichen.

Makkaroni-Pilz-Pastete

Zutaten für 2–3 Personen:
250 g Makkaroni
250 g Austernpilze oder
Champignons
2 Zwiebeln
2 Knoblauchzehe
3 EL Olivenöl

1 Tasse mittelfeine Sojaschnetzel
½ Tasse Kokosmilch
½ Tasse heiße Gemüsebrühe
1 TL Zitronensaft
50 ml Weißwein
50 ml Gemüsebrühe
1 EL Zitronensaft
1 TL gemahlener Kümmel
1 TL Majoran
2 EL gehackte Petersilie
Pfeffer aus der Mühle
Kräutersalz

Für die Béchamelsauce:
2 EL vegane Butter
2 gehäufte EL Mehl
400 ml Sojamilch
50 ml Sojasahne
(oder Hafercuisine)
1 Messerspitze geriebene
Muskatnuss
½ TL gemahlene Kurkuma
2 EL Hefeflocken
½ TL Senf
1 TL Zitronensaft
½–1 TL Salz

30–50 g veganer Käse

Makkaroni-Pilz-Pastete

Zubereitung

- Makkaroni in einem länglichen Topf in reichlich Salzwasser al dente kochen, abgießen, mit kaltem Wasser abschrecken und gut abtropfen lassen.
- Die Gemüsebrühe, die Kokosmilch und den Zitronensaft in einer kleinen Schüssel mischen und die Sojaschnetzel darin einweichen.
- Die Zwiebel und den Knoblauch schälen und klein hacken.
- Die Pilze waschen, putzen und in kleine Würfel schneiden.
- In einer beschichteten Pfanne das Öl erhitzen und die Zwiebelstücke darin goldbraun anbraten.
- Den Knoblauch, die Pilze und die Sojaschnetzel hinzufügen und kurz mitanbraten.
- Mit dem Weißwein und der Gemüsebrühe ablöschen und ein paar Minuten köcheln lassen, bis die meiste Flüssigkeit verdunstet ist.
- Mit Zitronensaft, Kümmel, Majoran, Pfeffer und Kräutersalz herzhaft würzen und abschmecken.
- Für die Béchamelsauce in einem Topf die vegane Butter schmelzen und das Mehl mit dem Schneebesen einrühren.
- Mit der Sojamilch und Sojasahne ablöschen und mit dem Schneebesen zu einer cremigen Sauce schlagen.
  Die übrigen Gewürzzutaten – Muskatnuss, Kurkuma, Hefeflocken, Senf und Zitronensaft – dazugeben und mit Salz abschmecken.
- Den Backofen auf 200 °C vorheizen.
- Eine rechteckige Auflauf- oder Kuchenform fetten.
- In die Form abwechselnd eine Lage Makkaroni, Pilze und Béchamelsauce einschichten.
- Die zweitletzte Schicht besteht aus einer Lage Makkaroni.
- In die restliche Béchamelsauce den veganen Käse einrühren und gleichmäßig auf der Makkaroni-Pilz-Pastete verteilen.
- Im vorgeheizten Backofen auf mittlerer Schiene ca. 30 bis 40 Minuten backen.

Südländischer Gemüseauflauf

Zutaten für 2–3 Personen:
2 große Kartoffeln
150 g Blumenkohl
150 g Brokkoli
8–10 Röschen Rosenkohl
2–3 Tomaten
2 Kräuter-Seitlinge
(oder 150 g Champignons)
1 EL getrockneter Salbei
(oder 3–4 frische Blätter)
2 EL vegane Butter
1 EL Olivenöl
Kräutersalz

Für die Béchamelsauce:
1 EL vegane Butter
2 EL Mehl
300 ml Sojamilch
2 EL Hefeflocken
1 TL Senf
1 TL Zitronensaft
1 Messerspitze geriebene Muskatnuss
1 TL Knoblauchgranulat
Pfeffer aus der Mühle
½–1 TL Salz

1 Zwiebel
2 Knoblauchzehen
1 EL Olivenöl
3 EL gehackte frische Kräuter
(z. B. Petersilie, Oregano, Thymian, Majoran, Basilikum)
oder 3 TL getrocknete Kräuter

3–4 EL Vollkornsemmelbrösel
1 TL edelsüßes Paprikapulver
½ TL Kräutersalz

Südländischer Gemüseauflauf

Zubereitung

- Die Kartoffeln in Salzwasser weich kochen, abgießen und mit kaltem Wasser abschrecken. Anschließend die Pellkartoffeln schälen und in Scheiben schneiden.
- Den Blumenkohl und den Brokkoli waschen und in Röschen teilen.
- Den Rosenkohl von den äußeren Blättchen befreien und den Strunk kreuzweise einschneiden.
- Die Tomaten waschen, vom Stielansatz befreien und würfeln.
- Den Blumenkohl, den Brokkoli und den Rosenkohl ca. 10 Minuten bissfest kochen, abgießen und mit kaltem Wasser abschrecken.
- Den Backofen auf 200 °C vorheizen.
- Die Kräuter-Seitlinge der Länge nach in Scheiben schneiden.
- Zwiebel und Knoblauch schälen und in Scheiben schneiden.
- In einer beschichteten Pfanne die vegane Butter schmelzen lassen und die Kräuter-Seitlinge darin von beiden Seiten kurz anbraten. Beim ersten Wenden das Öl und den Salbei hinzufügen und die Pilze mit Kräutersalz bestreuen. Nach ca. 2 bis 3 Minuten Bratzeit die Pilze auf einem Teller beiseitestellen.
- In der gleichen Pfanne 1 Esslöffel Öl erhitzen und die Zwiebel- und Knoblauchscheiben darin goldgelb andünsten.
- Für die Béchamelsauce in einem Topf die vegane Butter schmelzen lassen und das Mehl mit dem Schneebesen einrühren. Nach und nach die Sojamilch hinzufügen, bis eine sämige Sauce entstanden ist.
- Die restlichen Zutaten – Hefeflocken, Senf, Zitronensaft, Muskatnuss und Pfeffer – hinzufügen und mit dem Salz abschmecken.
- Zuerst die Kartoffelscheiben in eine gefettete Auflaufform schichten. Darauf den Blumenkohl, den Brokkoli und den Rosenkohl verteilen. Dann die Tomatenwürfel, die Zwiebel- und Knoblauchscheiben und die Kräuter darüber geben.
- Mit den Kräuter-Seitlingen bedecken und die Béchamelsauce gleichmäßig auf dem Gemüseauflauf verteilen.
- Die Semmelbrösel mit dem Paprikapulver und dem Kräutersalz vermischen, über den Auflauf streuen und mit ein paar Tropfen Olivenöl beträufeln.
- Im vorgeheizten Backofen ca. 30 bis 40 Minuten goldbraun backen.

Kartoffelgratin

Zutaten für 2–3 Personen:
700 g mehlig kochende Kartoffeln
1 Knoblauchzehe
300 ml Sojasahne
200 ml Sojamilch
1 TL Senf
½ TL gemahlene Kurkuma
2 Messerspitzen geriebene Muskatnuss
1 TL Zitronensaft
2 EL Hefeflocken
Pfeffer aus der Mühle
1–1½ TL Salz
70 g veganer Käse

Kartoffelgratin

Zubereitung

- Den Backofen auf 200 °C vorheizen.
- Den Knoblauch schälen und fein hacken.
- Die Sojasahne und die Sojamilch mit den restlichen Zutaten – Knoblauch, Senf, Kurkuma, Muskatnuss, Zitronensaft, Hefeflocken und Pfeffer – verrühren.
- Mit Salz herzhaft abschmecken.
- Die Kartoffeln schälen und in dünne Scheiben schneiden.
- Die Kartoffeln in eine gefettete Auflaufform schichten und auf jede Lage eine Portion der gewürzten Sojasahne geben.
- Zum Schluss den veganen Käse mit der restlichen Sojasahne verrühren und als Deckschicht auf dem Gratin verteilen.
- Ca. 30 bis 40 Minuten goldbraun backen.

TIPP: Dazu passt ein frischer grüner Salat.

Gemüselasagne

Zutaten für 2–3 Personen:

Für die „Bolognese-Sauce":

1 knappe Tasse feine Sojaschnetzel
1 EL Sojasauce
1 knappe Tasse heiße Gemüsebrühe
1 TL Zitronensaft
1 kleiner Blumenkohl
1 Zwiebel
2 Knoblauchzehen
1 Karotte
2 EL Olivenöl
150 ml Gemüsebrühe
1 Dose geschälte, gehackte Tomaten
1 TL Ahornsirup
1 TL Zitronensaft
3 TL italienische Kräuter Majoran, Thymian oder Oregano
1 TL edelsüßes Paprikapulver
Pfeffer aus der Mühle
Kräutersalz

Für die Béchamelsauce:

2 EL vegane Butter
2 EL Mehl
500 ml Sojamilch
¼ TL geriebene Muskatnuss
2 EL Hefeflocken
1 TL Senf
1 TL Zitronensaft
Pfeffer aus der Mühle
Salz

6–8 Lasagneblätter

2–3 EL geriebener veganer Käse

Gemüselasagne

Zubereitung

- Für die „Bolognese-Sauce“ die Gemüsebrühe, die Sojasauce und den Zitronensaft in einer kleinen Schüssel mischen und die Sojaschnetzel darin einweichen.
- Blumenkohl waschen, in Röschen teilen und 15 Minuten in Salzwasser bissfest garen, abgießen und abtropfen lassen.
- Zwiebel, Knoblauch und Karotte schälen und in kleine Würfel schneiden.
- Den Backofen auf 200 °C vorheizen.
- In einer beschichteten Pfanne das Öl erhitzen und die Zwiebelwürfel darin goldbraun anbraten.
- Dann die Karotte, den Knoblauch und die Sojaschnetzel hinzufügen und mit der Gemüsebrühe und den Tomaten ablöschen und auf kleiner Flamme köcheln lassen.
- Die übrigen Gewürzzutaten – Ahornsirup, Zitronensaft, Kräuter und Paprikapulver – hinzufügen und mit Pfeffer und Kräutersalz abschmecken.
- Für die Béchamelsauce in einem Topf die vegane Butter schmelzen lassen und das Mehl einrühren.
- Mit der Sojamilch nach und nach ablöschen und mit dem Schneebesen zu einer cremigen Sauce verrühren.
- Die restlichen Gewürzzutaten – Muskatnuss, Hefeflocken, Senf und Zitronensaft – hinzufügen und mit Pfeffer und Salz abschmecken.
- Eine Auflaufform fetten und als unterste Lage eine dünne Schicht der „Bolognese-Sauce“ geben.
  Mit Lasagneblättern abdecken.
- Die Blumenkohlröschen klein schneiden und auf den Lasagneblättern verteilen.
- Darauf die restliche „Bolognese-Sauce“ geben und mit der Hälfte der Béchamelsauce begießen.
- Als nächste Schicht Lasagneblätter darauflegen und etwas andrücken.
- Den veganen Käse mit der restlichen Béchamelsauce verrühren und diese als Deckschicht auf der Gemüselasagne verteilen.
- Im vorgeheizten Backofen 30 bis 40 Minuten goldbraun backen.

Paella

Zutaten für 2–3 Personen:

100 g tiefgekühlte Erbsen
100 g tiefgekühlte grüne Bohnen
50 g Walnusskerne
1 Zwiebel
2 Knoblauchzehen
100 g Champignons
100 g Karotten
100 g rote Paprikaschote
2 EL schwarze Oliven ohne Kern
2 EL Olivenöl
200 g Reis
100 g geschälte, gehackte Tomaten
400 ml Gemüsebrühe
0,2 g Safran (oder 1 TL gemahlene Kurkuma)
1 TL edelsüßes Paprikapulver
1 Messerspitze Chilipulver
1 TL Curry
Pfeffer aus der Mühle
Kräutersalz
1 Rosmarinzweig
¼ Bund Petersilie
1 Zitrone

Paella

Zubereitung

- Die Walnusskerne grob hacken und in einer beschichteten Pfanne anrösten, dann beiseitestellen.
- Die Zwiebel und den Knoblauch schälen und klein hacken.
- Die Erbsen und die grünen Bohnen auftauen lassen.
- Die Champignons waschen und klein schneiden.
- Die Karotten schälen und in Scheiben schneiden.
- Die Paprikaschote waschen, längs halbieren, vom Kerngehäuse befreien und ebenfalls klein schneiden.
- Die grünen Bohnen in mundgerechte Stücke schneiden.
- Das Öl in einem Topf erhitzen und die Zwiebelstücke darin glasig andünsten.
- Den Reis dazugeben und kurz mitdünsten.
- Dann nach und nach alle Zutaten – Erbsen, Bohnen, Walnüsse, Knoblauch, Champignons, Karotten, Paprika, Oliven und Tomaten – hinzufügen.
- Mit der Gemüsebrühe ablöschen und die restlichen Gewürzzutaten – Safran, Paprikapulver, Chilipulver, Curry und Pfeffer – unterrühren.
- Mit Kräutersalz kräftig abschmecken, den Rosmarinzweig auf die Paella legen und zugedeckt ca. 40 Minuten auf kleinster Flamme köcheln lassen.
- Mit der gewaschenen und gehackten Petersilie bestreuen und mit Zitronenscheiben garniert servieren.

Spinatauflauf mit Pilzen

Zutaten für 2–3 Personen:
250 g Pellkartoffeln
(frisch gekocht oder
vom Vortag)

1 Zwiebel
2 Knoblauchzehen
2–3 getrocknete Tomatenstücke
½ Tasse Walnusskerne

250 g Pilze
2 EL Olivenöl
½ TL gemahlener Kümmel
½ TL gemahlener Koriander
1 TL Zitronensaft
70 ml Gemüsebrühe

250–300 g tiefgekühlter Blattspinat
1 TL Oregano
1 Messerspitze geriebene Muskatnuss
Pfeffer aus der Mühle
1 TL Kräutersalz
125 ml Sojasahne

2 Tomaten

Spinatauflauf mit Pilzen

Zubereitung

- Die Zwiebel, den Knoblauch und die getrockneten Tomaten klein schneiden.
- Die Walnusskerne grob hacken.
- Die Pilze putzen und in Scheiben schneiden.
- Den Spinat auftauen lassen.
- Das Öl in einem Topf erhitzen.
- Die Zwiebelstücke darin goldgelb andünsten.
- Die Pilze dazugeben und kurz mitanbraten.
- Den Knoblauch, die getrockneten Tomaten, die Walnüsse, den Kümmel, den Koriander und den Zitronensaft hinzufügen und mit 50 ml Gemüsebrühe ablöschen.
- Ein paar Minuten köcheln lassen, bis die Flüssigkeit verdunstet ist.
- Den Backofen auf 200 °C vorheizen.
- Den aufgetauten Spinat leicht ausdrücken, in eine Schüssel geben und mit den restlichen Zutaten – Oregano, Muskatnuss, Pfeffer, Kräutersalz und Sojasahne – kalt vermischen.
- Die Pellkartoffeln schälen und in Scheiben schneiden.
- Den Boden einer gefetteten Auflaufform mit den Kartoffelscheiben belegen.
- Darauf die Pilze verteilen, mit dem Spinat gleichmäßig abdecken und im vorgeheizten Backofen insgesamt 25 Minuten backen.
- In der Zwischenzeit die Tomaten waschen, vom Stielansatz befreien und in Scheiben schneiden.
- Nach den ersten 15 Minuten Backzeit den Auflauf aus dem Backofen nehmen, mit den Tomatenscheiben belegen und dünn mit Kräutersalz bestreuen.
- In weiteren 10 Minuten fertig backen.

Gratin mit Kürbis und Pastinaken

Zutaten für 2–3 Personen:
¼ Hokkaido-Kürbis
8 mehlig kochende Kartoffeln
1 Pastinakenwurzel

1 Knoblauchzehe
¼ TL Fenchelsamen
½ TL Koriandersamen
Pfeffer aus der Mühle
Salz

2 EL Mehl
2 EL vegane Butter
700 Gemüsebrühe

2 EL geriebener veganer Käse
125 ml Sojasahne (oder Hafercuisine)

Gratin mit Kürbis und Pastinaken

Zubereitung

- Backofen auf 180 °C vorheizen.
- Kürbis vierteln, von den Kernen befreien und in dünne Scheiben schneiden. (Die Schale des Hokkaido-Kürbisses ist essbar.)
- Kartoffeln und Pastinake schälen und ebenso in dünne Scheiben schneiden.
- In einer beschichteten Pfanne die Fenchel- und Koriandersamen ohne Öl leicht anrösten und auf einem Teller beiseitestellen.
- Eine flache Auflaufform fetten, mit der Knoblauchzehe ausreiben und das Gemüse abwechselnd in die Form schichten.
- Die Fenchel- und Koriandersamen darüberstreuen und mit Pfeffer und Salz würzen.
- In einem Topf die vegane Butter schmelzen lassen und das Mehl mit dem Schneebesen einrühren.
- Nach und nach die Gemüsebrühe hinzufügen, einmal aufkochen lassen und dann über das Gemüse in die Auflaufform füllen.
- Den veganen Käse in die Sojasahne einrühren und die Flüssigkeit als Deckschicht gleichmäßig auf dem Gratin verteilen.
- Im vorgeheizten Backofen ca. 40 Minuten backen.

TIPP: Dazu passt ein frischer Salat der Saison.

„Moussaka“

Zutaten für 2–3 Personen:
1 Aubergine
1 Zucchini
Kräutersalz
3–4 EL Olivenöl
50 g feine Sojaschnetzel
80 ml heiße Gemüsebrühe
2 EL Sojasauce
1 TL Zitronensaft
1 EL Olivenöl
1 Zwiebel
2 Knoblauchzehen
2 Stängel Staudensellerie
200 g Tomaten aus der Dose
2 EL Tomatenmark
200 ml Gemüsebrühe
je ½ TL Oregano,
Majoran und Thymian
½ TL Ahornsirup
400 g Kartoffeln

Für die Béchamelsauce:
1 EL vegane Butter
2 EL Mehl
300 ml Sojamilch
geriebene Muskatnuss
Pfeffer aus der Mühle
Salz

Für die Deckschicht:
1 EL vegane Butter
2 EL Mehl
100 ml Wasser
100 ml Sojamilch
3 EL Hefeflocken
1 Knoblauchzehe
1 TL Senf
Salz

„Moussaka"

Zubereitung

- Aubergine und Zucchini waschen, putzen und in 5 mm dicke Scheiben schneiden. Öl in einer beschichteten Pfanne erhitzen und die Auberginen- und Zucchinischeiben darin von beiden Seiten goldbraun anbraten. Auf Küchenpapier abtropfen lassen und mit etwas Kräutersalz bestreuen.
- Die Gemüsebrühe, die Sojasauce und den Zitronensaft in einer kleinen Schüssel mischen und die Sojaschnetzel 10 Minuten darin einweichen.
- Zwiebeln hacken, Sellerie und Knoblauch in kleine Würfel schneiden. Öl in einer beschichteten Pfanne erhitzen und die Zwiebel-, Sellerie- und Knoblauchwürfel kross anbraten. Die Sojaschnetzel zusammen mit der Einweichbrühe, die Tomaten, das Tomatenmark und die Gewürzzutaten – Oregano, Majoran, Thymian und Ahornsirup – hinzufügen. 15 Minuten köcheln lassen.
- Kartoffeln schälen, in dünne Scheiben schneiden und mit etwas Salz bestreuen.
- Den Backofen auf 200 °C vorheizen.
- Für die Béchamelsauce die vegane Butter in einem Topf schmelzen und das Mehl einrühren. Mit Sojamilch ablöschen und mit den Gewürzen abschmecken.
- Für die Deckschicht die vegane Butter in einem Topf schmelzen und das Mehl mit dem Schneebesen einrühren. Mit Wasser und der Sojamilch ablöschen und die Hefeflocken und den Senf einrühren.
- Knoblauch schälen, fein hacken und hinzufügen.
- Mit Salz abschmecken.
- Etwas Tomatensauce in eine gefettete Auflaufform geben. Darauf eine Schicht Kartoffelscheiben legen und mit etwas Béchamelsauce übergießen. Dann eine Lage Zucchinischeiben einschichten und mit einigen Löffeln Tomatensauce übergießen. Die Form schichtweise füllen und mit einer Lage Auberginenscheiben enden.
- Zum Schluss die Sauce mit dem Hefeschmelz als Deckschicht über die Auberginenscheiben gießen.
- Im Backofen ca. 40 bis 50 Minuten goldbraun backen.

Champignon-Blätterteig-Torte

Zutaten für 2–3 Personen:

1 runder Blätterteig
1 Zwiebel
2 Knoblauchzehen
2 EL vegane Butter
300 g Champignons
3 Frühlingszwiebeln
1 Karotte
50 ml Wasser
1 TL Gemüsebrühpulver
30 g Walnüsse
2 EL Sojasauce
½ TL Kümmel
3 EL Weißwein
(oder 1½ EL Zitronensaft)
½ TL Ahornsirup
1 EL Thymian
1 EL Mehl
50 ml Sojasahne
2 EL geriebene Mandeln
½ Bund Petersilie
Pfeffer aus der Mühle
Kräutersalz

2 EL Semmelbrösel

Champignon-Blätterteig-Torte

Zubereitung

- Die Zwiebel und den Knoblauch schälen und fein hacken.
- Die Champignons waschen und in Scheiben schneiden. Ein paar Scheiben als Garnitur beiseitestellen.
- Die Karotte schälen und klein würfeln.
- Die Frühlingszwiebeln putzen, waschen und in Ringe schneiden.
- Die Walnüsse grob hacken.
- Die Petersilie waschen und fein hacken.
- Den Backofen auf Ober- und Unterhitze stellen und auf 250 °C vorheizen.
- Die vegane Butter in einem Topf erhitzen und die Zwiebelstücke darin goldgelb anbraten.
- Den Knoblauch, die Champignons, die Karotte und die Frühlingszwiebeln hinzufügen und kurz mitanbraten.
- Das Pilzgemüse mit dem Wasser ablöschen und die Hitze reduzieren.
- Die restlichen Zutaten – Gemüsebrühpulver, Walnüsse, Sojasauce, Kümmel, Weißwein, Ahornsirup und Thymian – hinzufügen und einige Minuten fertig garen.
- Am Ende der Kochzeit das Mehl mit der Sojasahne verrühren, hinzufügen und einmal aufkochen lassen, damit die Flüssigkeit eindickt. Zum Schluss die Petersilie und die geriebenen Mandeln unter das Pilzgemüse heben.
- Mit Pfeffer und Kräutersalz abschmecken und etwas abkühlen lassen.
- Eine Kuchenform oder eine flache, runde Auflaufform mit Blätterteig auslegen und einen fingerbreiten Rand hochziehen.
- Den Boden mit Semmelbröseln ausstreuen und mit dem Pilzgemüse belegen.
- Zur Garnitur mit den restlichen Pilzscheiben belegen und im vorgeheizten Backofen auf der untersten Schiene 15 bis 20 Minuten backen.

TIPP: Noch warm mit einem frischen Salat der Saison servieren.

Salate

Bulgursalat mit roten Bohnen

Zutaten für 2–3 Personen:
1 Tasse grober Bulgur
2 Tassen herzhafte heiße Gemüsebrühe
1 Zwiebel
2 Knoblauchzehen
½ rote Paprikaschote
3 Frühlingszwiebeln
1 Karotte
1 kleine Dose rote Bohnen
2 EL Tomatenmark
2 EL Zitronensaft
1 TL Ahornsirup
1 EL Sambal Oelek
3 EL Olivenöl
½ Bund glatte Petersilie
Pfeffer aus der Mühle
Kräutersalz

Bulgursalat mit roten Bohnen

Zubereitung

- Die Gemüsebrühe in einem Topf zum Kochen bringen, den Bulgur hinzufügen, die Hitze auf die kleinste Stufe reduzieren und die Weizengrütze 15 bis 20 Minuten quellen lassen.
- Die Zwiebel und den Knoblauch schälen und fein hacken.
- Die Paprikaschote waschen, halbieren, vom Kerngehäuse befreien und eine Hälfte in feine Würfel schneiden.
- Die Frühlingszwiebeln putzen, waschen und in Ringe schneiden.
- Die Karotte in kleine Würfel schneiden.
- Die roten Bohnen in ein Sieb schütten und mit klarem Wasser abspülen.
- Den Bulgur in ein Sieb schütten und die abgetropfte Weizengrütze dann zurück in den Topf geben.
- Das Gemüse – Zwiebel, Knoblauch, Paprika, Frühlingszwiebeln und rote Bohnen – unterrühren.
- Aus dem Öl, dem Tomatenmark, dem Zitronensaft, dem Ahornsirup und dem Sambal Oelek eine Sauce anrühren und zusammen mit der gewaschenen und gehackten Petersilie unter den Bulgur mischen.
- Mit Pfeffer und Kräutersalz abschmecken.
- Falls der Bulgursalat nicht gleich gegessen wird und noch etwas nachquillt und zu trocken wird, kann vor dem Servieren noch mit etwas Gemüsebrühe, Zitronensaft und Sambal Oelek nachgewürzt werden.

Grüner Salat der Saison

Zutaten für 2–3 Personen:
Kopf-, Endivien-, Eisberg-, Feldsalat, Salatherzen etc.

Für die Salatsauce:
1 Zwiebel
1 Knoblauchzehe
2 EL Sonnenblumenöl
1½ EL Weinessig
2 TL Maggi
1 TL Kräutersalz

Grüner Salat der Saison

Zubereitung

- Salat putzen.
- In mundgerechte Stück reißen oder schneiden.
- Waschen und trocken schleudern.
- Die Zwiebel und den Knoblauch schälen, fein hacken und in eine Salatschüssel geben.
- Die restlichen Zutaten – Sonnenblumenöl, Weinessig, Maggi und Kräutersalz – hinzufügen und gut verrühren.
- Den Salat erst kurz vor dem Verzehr mit der Sauce mischen.

TIPP: Viele vegane Gerichte erhalten erst durch die Kombination mit einem würzig angemachten frischen Salat den letzten Schliff.

Feiner Linsensalat

Zutaten für 2–3 Personen:
1 Tasse Linsen (120–150 g)
1 Schalotte
1 Knoblauchzehe
2 Tomaten
3 EL fein gehackte Petersilie
1 EL fein gehackte Minze
1 Frühlingszwiebel
½ Chilischote
1 Messerspitze Zimt
½ TL Piment
½ TL Kümmel
½ TL Bohnenkraut
1 EL Zitronensaft
1 EL Balsamessig
1 TL Gemüsebrühpulver
1 EL Orangensaft
1 TL Ahornsirup
2 EL Olivenöl
2 EL Sojasahne (optional)
Pfeffer aus der Mühle
Salz

Feiner Linsensalat

Zubereitung

- Die Linsen in einem Sieb unter fließendem Wasser abwaschen und abtropfen lassen.
- Nach Packungsanweisung kochen, dann abgießen und mit kaltem Wasser abschrecken.
- Die Schalotten und den Knoblauch schälen und fein hacken.
- Die Frühlingszwiebel putzen, waschen und in feine Ringe schneiden.
- Die Chilischote waschen, der Länge nach halbieren, entkernen und in feine Streifen schneiden.
- Die Tomaten waschen, vom Stielansatz befreien und in kleine Würfel schneiden.
- Die Linsen mit allen übrigen Zutaten – Schalotten, Knoblauch, Tomaten, Petersilie, Minze, Frühlingszwiebel, Chilischote, Zimt, Piment, Kümmel, Bohnenkraut, Zitronensaft, Balsamessig, Gemüsebrühpulver, Orangensaft, Ahornsirup und Olivenöl – in einer Schüssel vermischen und mit Pfeffer und Salz abschmecken.

Fruchtiger Nudelsalat

Zutaten für 2–3 Personen:
250 g Nudeln
(Hörnchen-, Spiral-, Muschelnudeln etc.)
1 Tasse Gemüsebrühe
1 Schalotte
1 Karotte
½ Zucchini
½ rote Paprikaschote
2 Frühlingszwiebeln
1 Stängel Staudensellerie
1–2 EL fein gehackte Kräuter
(Schnittlauch, Petersilie, Dill etc.)
3 EL Orangensaft
1 EL Zitronensaft
3 EL Sojasahne
1–1½ TL Kräutersalz

Fruchtiger Nudelsalat

Zubereitung

- Die Nudeln in reichlich Salzwasser nicht zu weich kochen, abgießen, mit kaltem Wasser abschrecken und abtropfen lassen.
- Die Nudeln in eine Schüssel geben, mit der Gemüsebrühe übergießen und beiseitestellen.
- Die Schalotte schälen und fein hacken.
- Die Zucchini waschen und putzen. Die Karotte schälen und zusammen mit der Zucchini fein raspeln.
- Die Paprikaschote waschen, halbieren, vom Kerngehäuse befreien und in kleine Würfel schneiden.
- Die Frühlingszwiebeln putzen, waschen und in sehr feine Ringe schneiden.
- Den Staudensellerie waschen und in kleine Würfel schneiden.
- Die Kräuter sehr fein hacken.
- Alle Zutaten – Schalotte, Karotte, Zucchini, Paprika, Frühlingszwiebeln, Staudensellerie, Kräuter, Orangensaft, Zitronensaft und Sojasahne – zu den Nudeln geben, untermischen, mit Kräutersalz abschmecken und ein paar Stunden – oder über Nacht – durchziehen lassen.
- Vor dem Servieren noch einmal abschmecken und nach Belieben mit Gemüsebrühe, Orangensaft, Zitronensaft oder Kräutersalz nachwürzen.

Badischer Kartoffelsalat

Zutaten für 2–3 Personen:
500 g fest kochende Kartoffeln
1 Tasse Gemüsebrühe
1 Zwiebel
1–2 Gewürzgurken
1 EL Schnittlauchröllchen
1 EL Essig
2 EL Sonnenblumenöl
2 EL vegane Remoulade oder
vegane Mayonnaise (optional)
Pfeffer aus der Mühle
Kräutersalz

Badischer Kartoffelsalat

Zubereitung

- Die Kartoffeln mit Schale weich kochen.
- Die Zwiebel schälen und fein hacken.
- Die Gewürzgurke in kleine Würfel schneiden.
- Kartoffeln abgießen, mit kaltem Wasser abschrecken, noch warm schälen und in Scheiben schneiden.
- Die Kartoffeln mit Gemüsebrühe übergießen und die Zwiebeln, die Gewürzgurke und den Schnittlauch hinzufügen.
- Essig, Öl, Pfeffer und Salz in einer kleinen Schüssel verrühren und über die Kartoffeln gießen.
- Den Kartoffelsalat vorsichtig durchmischen, mit Pfeffer und Salz abschmecken und zum Durchziehen beiseitestellen.
- Vor dem Servieren noch einmal abschmecken.

Reissalat mit „Currymayonnaise"

Zutaten für 2–3 Personen:

Für die „Currymayonnaise":

50 ml Sojamilch
½ TL Zitronensaft
100 ml Sonnenblumenöl
1 TL Senf
1 TL Essig
1–2 TL Zitronensaft
¼ TL gemahlene Kurkuma
1 TL Gemüsebrühpulver
2–3 TL Currypulver
2 TL Johannisbeergelee
(oder ein anderes Fruchtgelee)
Salz

Für den Reissalat:

200 g Langkornreis
½ rote Paprikaschote
1 Karotte
2 EL Olivenöl

1 Knoblauchzehe
1 Frühlingszwiebel
1 Avocado
2 EL grob gehackte Petersilie

Reissalat mit „Currymayonnaise“

Zubereitung

- Für die „Currymayonnaise“ in eine tiefe Schüssel zuerst die Sojamilch und den Zitronensaft geben und dann das Rapsöl hinzufügen. Mit dem Passierstab eine halbe Minute durchrühren, bis die Sauce die für Mayonnaise typische Konsistenz hat.
- Die restlichen Zutaten – Senf, Essig, Zitronensaft, Kurkuma, Gemüsebrühpulver, Currypulver und Johannisbeergelee – hinzufügen, umrühren und mit Salz abschmecken.
- Für den Reissalat den Reis nach Packungsanweisung weich kochen, in ein Sieb gießen und kalt abspülen.
- Die Paprikaschote waschen, halbieren, vom Kerngehäuse befreien und eine Hälfte in Stücke schneiden.
- Die Karotte schälen und in kleine Würfel schneiden.
- In einer beschichteten Pfanne das Öl erhitzen und die Paprika und die Karotte darin einige Minuten anbraten und anschließend abkühlen lassen.
- Den Knoblauch schälen und fein hacken.
- Die Frühlingszwiebel putzen, waschen und in Ringe schneiden.
- Die Avocado schälen und würfeln.
- Den Reis in eine Schüssel füllen und mit der Curry-„Mayonnaise“ vermischen.
- Die übrigen Zutaten – Paprika, Karotte, Knoblauch, Frühlingszwiebel, Avocado und Petersilie – locker unterheben.
- Den Reissalat kühl stellen und durchziehen lassen.
- Falls er zu trocken ist, etwas kalte Gemüsebrühe und Zitronensaft untermischen.

Blumenkohlsalat mit „Hut“

Zutaten für 2–3 Personen:

Für den Blumenkohl:
1 kleiner Blumenkohl
1 TL Gemüsebrühpulver
2 EL Weinessig
8–10 Cocktailtomaten
2 Frühlingszwiebeln
5 Champignons
1 EL vegane Butter
Kräutersalz

Für die Marinade:
5 EL Sonnenblumenöl
1 EL Zitronensaft
1 EL Weinessig
1 TL Maggi
½ TL Ahornsirup
1 Messerspitze geriebene Muskatnuss
Pfeffer aus der Mühle
1 TL Kräutersalz

Für den „Hut“:
50 ml Sojamilch
½ TL Zitronensaft
75 ml Sonnenblumenöl
1 Knoblauchzehe
½ TL Gemüsebrühpulver
½ TL Senf
½ TL Essig
¼ TL Ahornsirup
Salz

Blumenkohlsalat mit „Hut“

Zubereitung

- Für den Blumenkohl den Blumenkohl waschen, in Röschen teilen und in Gemüsebrühe 10 Minuten bissfest garen, abgießen und mit kaltem Wasser abschrecken.
- Die Tomaten halbieren und vom Stielansatz befreien.
- Die Frühlingszwiebeln putzen, waschen und in Ringe schneiden.
- Die Champignons in Scheiben schneiden und in der veganen Butter von beiden Seiten kurz anbraten, mit Kräutersalz bestreuen und abkühlen lassen.
- Für die Marinade alle Zutaten – Sonnenblumenöl, Zitronensaft, Weinessig, Maggi, Ahornsirup, Muskatnuss, Pfeffer und Kräutersalz – verrühren.
- Den Blumenkohl, die Tomaten, die Frühlingszwiebeln und die Champignons dekorativ in eine Servierschüssel geben und mit der Marinade gleichmäßig begießen.
- Zugedeckt mindestens eine Stunde durchziehen lassen.
- Für den „Hut“ die Sojamilch, den Zitronensaft und das Sonnenblumenöl in eine hohe, schmale Schüssel gießen.
- Mit dem Passierstab eine halbe Minute durchrühren, bis die Sauce die für Mayonnaise typische Konsistenz hat.
- Den Knoblauch schälen, grob hacken und mit den restlichen Zutaten – Gemüsebrühpulver, Senf, Essig und Ahornsirup – hinzufügen, durchmixen und mit Salz abschmecken.
- Die „Mayonnaise“ vor dem Servieren auf dem Blumenkohlsalat verteilen – nicht unterrühren.

Traditioneller Krautsalat

Zutaten für 2–3 Personen:
½ Kopf Weißkraut
2 Zwiebeln
5 EL Gemüsebrühe
5 EL Zucker
5 EL Essig
1 EL Senf
1–2 TL Salz
1–2 TL Kümmel

5 EL Olivenöl

Traditioneller Krautsalat

Zubereitung

- Den Kohlkopf von den äußersten Blättern befreien, vierteln, den Strunk herausschneiden und den Kohl feinnudelig schneiden.
- Die Zwiebeln schälen und fein hacken.
- In einem großen Topf das Öl erhitzen und die Zwiebelstücke darin goldgelb anbraten.
- Das Weißkraut hinzufügen und kurz mitandünsten.
- Die übrigen Zutaten – Gemüsebrühe, Zucker, Essig, Senf, Kümmel und Salz – hinzufügen und gut untermischen.
- Vom Herd nehmen und den Krautsalat abgedeckt ein bis zwei Tage an einem kühlen Ort durchziehen lassen.
- Dabei den Krautsalat zwei- bis dreimal pro Tag gut durchmischen.

Rustikaler Champignonsalat

Zutaten für 2–3 Personen:
2 fest kochende Kartoffeln
2 Zwiebeln
300 g Champignons
3 EL Olivenöl zum Braten
Kräutersalz
½ TL Kümmel
1 TL Oregano
1 TL Zitronensaft

2 Tomaten
10 Basilikumblätter
2 EL Balsamessig
2 EL Olivenöl
Pfeffer aus der Mühle
Kräutersalz

Rustikaler Champignonsalat

Zubereitung

- Die Kartoffeln schälen, würfeln, in Salzwasser bissfest kochen, abgießen und abtropfen lassen.
- Die Zwiebeln schälen, halbieren und in Scheiben schneiden.
- Die Champignons putzen, abspülen und je nach Größe halbieren oder vierteln.
- Die Walnusshälften grob hacken.
- Die Tomaten waschen, vom Stielansatz befreien und würfeln.
- Basilikumblätter waschen und grob schneiden.
- In einer beschichteten Pfanne 2 Esslöffel Öl erhitzen und die Zwiebelscheiben darin goldgelb andünsten – sie sollen nicht zu weich werden. Die Zwiebelscheiben herausnehmen und in eine Schüssel geben.
- Einen weiteren Esslöffel Öl und 2 bis 3 Esslöffel Wasser in die Pfanne geben und die Pilze zusammen mit den Walnüssen unter ständigem Wenden einige Minuten schmoren. Mit Kräutersalz, Kümmel und Oregano bestreuen und mit ein paar Tropfen Zitronensaft beträufeln.
- Die Pilze zusammen mit den Kartoffeln und den Tomaten zu den Zwiebeln in die Schüssel geben.
- Die restlichen Zutaten – Balsamessig, Olivenöl, Pfeffer und Kräutersalz – verrühren und mit einem Löffel gleichmäßig auf dem Champignonsalat verteilen.
- Mit Basilikum bestreut servieren.

Gebratene Pilze mit Rucolapesto

Zutaten für 2–3 Personen:
150 g Austernpilze
150 g Champignons
2 EL vegane Butter
Pfeffer aus der Mühle
Salz

1 Schalotte
2 Knoblauchzehen
2–3 EL Zitronensaft
1 TL Ahornsirup

1 EL Pinienkerne
20 g Rucola
1 Knoblauchzehe
1 EL Hefeflocken
3 getrocknete Tomatenstücke in Öl
3 EL Olivenöl
1 TL Zitronensaft
Pfeffer aus der Mühle
Kräutersalz

Gebratene Pilze mit Rucolapesto

Zubereitung

- Die Austernpilze putzen, unter fließendem Wasser abspülen und mit einem Tuch vorsichtig trocken tupfen.
- Die Schalotte und den Knoblauch schälen und in Scheiben schneiden.
- In einer beschichteten Pfanne die vegane Butter erhitzen und die Pilze darin ein paar Minuten von beiden Seiten anbraten.
- Die Pilze aus der Pfanne nehmen, auf einer Platte anrichten und mit Pfeffer und Salz bestreuen.
- Die Schalotte, den Knoblauch, den Zitronensaft und den Ahornsirup mit etwas veganer Butter in die Pfanne geben, bei mittlerer Hitze dünsten und dann auf den Pilzen verteilen.
- Die Pinienkerne in einer beschichteten Pfanne ohne Fett goldbraun anrösten und anschließend abkühlen lassen.
- Den Rucola waschen, trocken schleudern, grob schneiden und zusammen mit dem Knoblauch, den Hefeflocken, den Pinienkernen, den getrockneten Tomaten und dem Olivenöl mit dem Passierstab grob pürieren und mit Pfeffer und Kräutersalz abschmecken.
- Das Pesto in kleinen Portionen auf den Pilzen verteilen oder in einer extra Schale servieren.

Mariniertes Gemüse

Zutaten für 2–3 Personen:
1 Zucchini
300 g grüne Bohnen
1 rote Paprikaschote
2 Karotten
3 Knoblauchzehen
100 ml Gemüsebrühe
1 TL Bohnenkraut
3–5 EL Olivenöl
1 EL Zitronensaft
2 EL Essig
2 EL Thymianblättchen
Kräutersalz

Mariniertes Gemüse

Zubereitung

- Die grünen Bohnen waschen und von den Stielen befreien.
- Die Zucchini waschen, putzen und in Scheiben schneiden.
- Die Paprikaschote vom Kerngehäuse befreien und der Länge nach in ca. 8 Teile schneiden.
- Die Karotten schälen und ebenfalls der Länge nach in Scheiben schneiden.
- Den Knoblauch schälen und in Scheiben schneiden.
- In einem Topf 2 Esslöffel Öl erhitzen und die Bohnen darin kurz anbraten, das Bohnenkraut hinzufügen, mit der Gemüsebrühe ablöschen und ca. 15 Minuten auf kleiner Flamme bissfest garen.
- In einer beschichteten Pfanne das restliche Öl erhitzen und die Zucchini, die Paprika und die Karotten darin nacheinander anbraten. Auf Küchenpapier legen und mit Kräutersalz bestreuen.
- Das Gemüse – Zucchini, Bohnen, Paprika und Karotten – auf einer Platte anrichten.
- Den Zitronensaft, den Essig, den Knoblauch und 1 Esslöffel Thymianblättchen in die noch heiße Pfanne geben, eine Minuten auf kleiner Flamme dünsten lassen und gleichmäßig auf dem Gemüse verteilen.
- Mit den restlichen Thymianblättchen bestreuen und mit Folie abgedeckt zwei bis drei Stunden – oder über Nacht – ziehen lassen.

Auberginen im Tomatenbett

Zutaten für 2–3 Personen:
2 Auberginen
2 Knoblauchzehen
½ Dose geschälte, gehackte Tomaten
5-10 Basilikumblätter
2 EL Schnittlauchröllchen
5 EL Olivenöl
1 EL Balsamessig
Pfeffer aus der Mühle
Kräutersalz

Auberginen im Tomatenbett

Zubereitung

- Die Auberginen waschen, putzen und in 5 mm dicke Scheiben schneiden.
- Den Knoblauch schälen und fein hacken.
- Die Tomaten waschen, vom Stielansatz befreien und würfeln.
- Die Basilikumblätter waschen und grob schneiden.
- In einer beschichteten Pfanne einen Teil des Öls erhitzen und die Auberginen darin portionsweise von beiden Seiten anbraten. Auf Küchenpapier abtropfen lassen und mit Kräutersalz bestreuen.
- Den Knoblauch und die Tomaten in eine hohe Schüssel füllen und zusammen mit der Hälfte des Basilikums, 1 Esslöffel Öl, Pfeffer und Kräutersalz nicht zu fein pürieren.
- Das Tomatenpüree auf einer Platte verteilen, darauf die Auberginen anrichten und mit Balsamessig beträufeln.
- Mit Schnittlauch und dem restlichen Basilikum bestreut servieren.

Salat aus zweierlei Bohnen

Zutaten für 2–3 Personen:
300 g grüne Bohnen
1 Dose weiße Riesenbohnen
1 Schalotte
2 Knoblauchzehen
5 getrocknete Tomatenstücke in Öl
5 Walnusshälften
250 ml Gemüsebrühe
1 EL Bohnenkraut
2–3 EL Essig
3 EL Olivenöl
Pfeffer aus der Mühle
Kräutersalz

Salat aus zweierlei Bohnen

Zubereitung

- Die grünen Bohnen waschen, von den Stielen befreien und in mundgerechte Stücke schneiden.
- Die weißen Riesenbohnen in ein Sieb geben und unter fließendem Wasser abspülen.
- Die Schalotte und den Knoblauch schälen und fein hacken.
- Die getrockneten Tomaten in Würfel schneiden.
- Die Walnusshälften grob hacken.
- In einem Topf 2 Esslöffel Öl erhitzen und die Schalotte, den Knoblauch und die grünen Bohnen kurz anbraten.
- Das Bohnenkraut hinzufügen, mit der Gemüsebrühe ablöschen und ca. 10 bis 15 Minuten bissfest garen.
- Alle Zutaten – grüne und weiße Bohnen, getrocknete Tomaten und Walnüsse – in eine Schüssel geben.
- Das restliche Öl, Essig, Pfeffer und Kräutersalz zu einer Sauce verrühren, über den Bohnensalat gießen und untermischen.
- Mit Folie abdecken und kühl ein bis zwei Stunden – oder über Nacht – durchziehen lassen.

Couscoussalat

Zutaten für 2–3 Personen:
200 g Couscous
200 ml Gemüsebrühe
1 EL Olivenöl
2 TL vegane Butter

1 Zwiebel
2 Knoblauchzehen
½ rote Paprikaschote
1 Stück Salatgurke
2 Frühlingszwiebeln
1 Tomate
4 TL Sambal Oelek
5 TL Tomatenmark
5 EL Zitronensaft
4 EL Olivenöl
1 TL gemahlener Kreuzkümmel
1 TL Gemüsebrühpulver
1 Bund Petersilie
Pfeffer aus der Mühle
2 TL Kräutersalz

Couscoussalat

Zubereitung

- Die Gemüsebrühe in einem großen Topf zusammen mit dem Öl zum Kochen bringen und den Couscous hineinrieseln lassen und gut durchrühren. Den Topf vom Herd nehmen und den Couscous 2 bis 3 Minuten quellen lassen.
- Die vegane Butter untermischen, den Couscous auflockern und weitere 3 bis 4 Minuten quellen lassen.
- Die Zwiebeln und den Knoblauch schälen und fein hacken.
- Die Paprikaschote waschen, halbieren, vom Kerngehäuse befreien und in kleine Würfel schneiden.
- Die Salatgurke entkernen und ebenfalls in kleine Würfel schneiden.
- Die Frühlingszwiebeln putzen, waschen und in feine Ringe schneiden.
- Die Tomate waschen, vom Stielansatz befreien und würfeln.
- Die Petersilie waschen und fein hacken.
- Aus Sambal Oelek, Tomatenmark, Zitronensaft, Olivenöl, Kreuzkümmel, Gemüsebrühpulver, Pfeffer und Kräutersalz eine Sauce anrühren und zusammen mit dem Gemüse – Zwiebel, Knoblauch, Paprika, Salatgurke, Tomate und Petersilie – zum Couscous hinzufügen und gut durchmischen.
- Im Kühlschrank 1 bis 2 Stunden – oder über Nacht – durchziehen lassen und noch einmal abschmecken.
- Falls der Couscoussalat zu trocken ist, etwas kalte Gemüsebrühe und 1 Teelöffel Zitronensaft hinzufügen.

Bauernsalat mit gebratenem Tofu

Zutaten für 2–3 Personen:
100 g Räuchertofu
1 TL Oregano
1 EL Sojasauce
1 EL Zitronensaft

1 Zwiebel
2 Knoblauchzehen
½ grüne Paprikaschote
½ Salatgurke
3 Tomaten
5–10 schwarze Oliven ohne Kern
½ TL Ahornsirup
1 EL Zitronensaft
1–2 EL Essig
3 EL Olivenöl
Pfeffer aus der Mühle
Salz

Bauernsalat mit gebratenem Tofu

Zubereitung

- Den Tofu in Würfel schneiden.
- Die Sojasauce mit dem Zitronensaft und dem Oregano verrühren und über den Tofu gießen.
- Mit Folie abgedeckt 1 bis 2 Stunden marinieren.
- Die Zwiebel und den Knoblauch schälen und in Scheiben schneiden.
- Die Paprikaschote waschen, halbieren, vom Kerngehäuse befreien und in Streifen schneiden.
- Die Salatgurke schälen, der Länge nach halbieren und in Scheiben schneiden.
- Die Tomaten vom Stielansatz befreien und achteln.
- Alle Zutaten – Zwiebel, Knoblauch, Paprika, Salatgurke, Tomaten und Oliven – in einer Schüssel anrichten.
- Ahornsirup, Essig, Öl, Pfeffer und Salz zu einer Salatsauce verrühren und unter den Salat mischen.
- Die Tofuwürfel aus der Marinade nehmen und in einer beschichteten Pfanne ohne Öl von allen Seiten anbraten und auf dem Salat verteilen.

Vegan international

Sushi

Zutaten für 2–3 Personen:
3–4 Noriblätter
200 g Sushi- oder Basmatireis

1 Scheibe Räuchertofu
1 TL Zitronensaft
1 TL Sojasauce

1 Karotte
1 Stück Avocado
1 Stück Zucchini
1 Stück Salatgurke
1 Stück rote Paprikaschote
1 Knoblauchzehe
1 TL Zitronensaft
½ TL Ahornsirup
2–3 Shiitakes
(oder eine andere Pilzsorte)
1 EL vegane Butter
Kräutersalz

Wasabipaste
eingelegter Ingwer
Sojasauce

Sushi

Zubereitung

- Den Reis nach Packungsanweisung kochen und anschließend abkühlen lassen.
- Den Räuchertofu in längliche Stifte schneiden, mit dem Zitronensaft und der Sojasauce beträufeln und 1 Stunde durchziehen lassen.
- Karotte und Avocado schälen und in längliche Stifte schneiden.
- Die Zucchini und die Salatgurke waschen und putzen.
- Die Paprika waschen, längs halbieren, vom Kerngehäuse befreien und zusammen mit der Zucchini und der entkernten Salatgurke ebenfalls in Stifte schneiden.
- Den Knoblauch schälen und klein hacken.
- Die Pilze putzen und den Stiel entfernen.
- Die Karotten-, Zucchini-, Salatgurken- und Paprikastifte zusammen mit dem Knoblauch, dem Zitronensaft und dem Ahornsirup in etwas Wasser ca. 5 Minuten köcheln lassen, abgießen, abschrecken und abkühlen lassen.
- Die vegane Butter in einer beschichteten Pfanne erhitzen und die Pilze darin von beiden Seiten anbraten und mit Kräutersalz bestreuen. Ebenfalls abkühlen lassen und anschießend in Streifen schneiden.
- Ein Noriblatt auf ein Tuch oder eine Bambus-Sushimatte legen und mit Reis gleichmäßig dünn (höchstens ca. 5 mm) belegen. Dabei an der oberen Kante einen Rand lassen. Dieser Rand wird befeuchtet, so dass das Noriblatt nach dem Aufrollen gut zusammenklebt. Den Reis verteilt man am besten mit den Händen, die man immer wieder in kaltes Wasser taucht.
- Auf das vordere Drittel des Noriblattes einen Teil der Zutaten horizontal ca. 2 cm breit legen.
- 1. Noriblatt: Karotten und Avocado
  2. Noriblatt: Zucchini, Paprika und Tofu
  3. Noriblatt: Gurken, Karotten, Paprika und Pilze
- Das Noriblatt straff aufrollen und mit dem Tuch bzw. der Matte etwas zusammendrücken.
- Mit einem scharfen Messer 6 bis 8 Stücke schneiden und mit eingelegtem Ingwer, Wasabipaste und Sojasauce servieren.

Indisches Linsencurry mit Reis

Zutaten für 2–3 Personen:

1 Tasse Sojaschnetzel
½ Tasse Gemüsebrühe
½ Tasse Kokosmilch
1 TL Zitronensaft

1 Tasse Reis
2 Tassen Wasser
Salz

100 g rote Linsen

1 Zwiebel
2 Knoblauchzehen
1 Stück Ingwer
(ca. 1,5 x 1,5 cm)
2 EL vegane Butter

1 Stange Lauch
1 Karotte
1 rote Paprikaschote
1 große Kartoffel
100 g weiße Champignons

150 ml Gemüsebrühe
150 ml Kokosmilch
2 TL indisches Currypulver
1 TL rote Currypaste
(oder Sambal Oelek)
½ TL gemahlene Kurkuma
½ TL Kreuzkümmel
1 TL gemahlener Koriander
1 TL Ahornsirup
1 TL Zitronensaft
2 EL Sojasauce
1 EL Tomatenmark
1 EL Mehl
3 EL Wasser
Pfeffer aus der Mühle
Salz

Indisches Linsencurry mit Reis

Zubereitung

- Die Gemüsebrühe, die Kokosmilch und den Zitronensaft in einer kleinen Schüssel mischen und die Sojaschnetzel darin einweichen.
- Die roten Linsen nach Packungsanweisung weich kochen und abgießen.
- Die Zwiebel, den Knoblauch und den Ingwer schälen und klein schneiden.
- Den Lauch putzen, der Länge nach halbieren, waschen und in Scheiben schneiden.
- Die Karotte schälen und ebenfalls in Scheiben schneiden.
- Die Paprikaschote waschen, vierteln, vom Kerngehäuse befreien und in Streifen schneiden.
- Die Kartoffel schälen und würfeln.
- Die Champignons putzen und vierteln.
- Den Reis nach Packungsanweisung weich kochen.
- Die vegane Butter in einem Topf erhitzen und die Zwiebel-, Knoblauch- und Ingwerstücke darin goldgelb anbraten.
- Die Gemüsestücke – Lauch, Karotte, Paprika, Kartoffel und Champignons – hinzufügen und kurz mitanbraten.
- Mit der Gemüsebrühe und der Hälfte der Kokosmilch ablöschen.
- Die übrigen Gewürzzutaten – Currypulver, Kurkuma, Kreuzkümmel, Koriander, Ahornsirup, Zitronensaft, Sojasauce und Tomatenmark – hinzufügen und auf kleiner Flamme köcheln lassen, bis das Gemüse bissfest ist.
- Das Mehl mit dem Wasser verrühren und zusammen mit den Sojaschnetzeln, den roten Linsen und dem Rest der Kokosmilch hinzufügen, einmal aufkochen lassen und mit Pfeffer und Salz abschmecken.
- Zusammen mit dem Reis anrichten.

Tortilla Española

Zutaten für 2–3 Personen:
350 g Kartoffeln
1 Zwiebel
5 EL Sojamehl
1 EL Weizenmehl (Type 405)
½ TL gemahlene Kurkuma
10 EL kalte Gemüsebrühe
75 ml Sojasahne
Olivenöl
Pfeffer aus der Mühle
Salz

Tortilla Española

Zubereitung

- Kartoffeln, Zwiebeln und Knoblauch schälen und in Scheiben schneiden.
- In einer beschichteten Pfanne Öl erhitzen und die Kartoffel- und Zwiebelscheiben darin wenden, so dass sie rundum mit Öl bedeckt sind. Die Temperatur reduzieren und unter gelegentlichem Wenden 15 bis 20 Minuten braten.
- In einer Schüssel das Soja- und das Weizenmehl zusammen mit dem Kurkumapulver in der kalten Gemüsebrühe anrühren und die Sojasahne hinzufügen. Mit Pfeffer und Salz abschmecken.
- Dann die Kartoffeln in die Schüssel geben und unter die Flüssigkeit heben.
- In der beschichteten Pfanne erneut Öl erhitzen und die Kartoffelmasse hineingeben.
- Bei mittlerer Temperatur und abgedeckt stocken lassen.
- Zum Wenden die Tortilla mit einem pfannengroßen Teller abdecken, schwungvoll auf den Teller stürzen und wieder in die Pfanne gleiten lassen.
- Eine andere Möglichkeit des Wendens besteht darin, die Tortilla aus der Pfanne auf einen Teller gleiten zu lassen, den Teller mit der Pfanne abzudecken und Tortilla zurück in die Pfanne zu stürzen.

TIPP: Jetzt fehlen nur noch ein paar spanische Tapas.

Gemüsetapas

Zutaten für 2–3 Personen:

Für die gefüllten Cocktailtomaten:
(für 6 Stück)
6 Cocktailtomaten
15 g Rucola
15 g Pinienkerne
2 Knoblauchzehen
1 EL Hefeflocken
4 EL Olivenöl
Pfeffer aus der Mühle
Salz
1 EL Balsamessig
1 EL Olivenöl
Pfeffer aus der Mühle
Salz

Eingelegte schwarze Oliven

Für die Pilze mit Knoblauch:
(für 6 Stück)
6 Champignons
½ kleine Zwiebel
2 EL vegane Butter
1 EL Olivenöl
2 Knoblauchzehen
½ TL Zitronensaft
Pfeffer aus der Mühle
Kräutersalz

Für die marinierten Gurken:
1 Stück Salatgurke
1 Stück rote Chilischote
Pfeffer aus der Mühle
Kräutersalz
3–4 EL Essig
1 EL Olivenöl
1 EL Zucker
Pfeffer aus der Mühle
Salz

Gemüsetapas

Zubereitung

- Für die gefüllten Cocktailtomaten die Pinienkerne in einer beschichteten Pfanne rösten und dann abkühlen lassen.
- Rucola waschen, trocken schleudern und grob schneiden.
- Knoblauch schälen und grob hacken.
- In der Küchenmaschine oder mit dem Passierstab den Rucola zusammen mit den Pinienkernen, dem Knoblauch, den Hefeflocken und dem Öl grob pürieren. Mit Pfeffer und Salz abschmecken.
- Von den Cocktailtomaten einen Deckel abschneiden, die Tomaten aushöhlen und mit der Rucolamischung füllen.
- Den Essig mit dem Öl, dem Pfeffer und dem Salz vermischen und über die Tomaten geben.
- Für die Pilze mit Knoblauch die Zwiebel schälen und klein schneiden. Die Champignons waschen.
- Die vegane Butter und das Olivenöl in einer beschichteten Pfanne erhitzen und zuerst die Zwiebeln goldbraun anbraten. Dann die Pilze hinzufügen und bei mittlerer Hitze zugedeckt ein paar Minuten dünsten.
- Die restlichen Zutaten – gepressten Knoblauch, Zitronensaft, Pfeffer und Salz – hinzufügen, kurz mitdünsten und anrichten.
- Für die marinierten Gurken die Salatgurke schälen, in dünne Scheiben schneiden und in eine Schüssel legen.
- Die Chilischote waschen, in Scheiben schneiden, die Kerne entfernen und die Chilischeiben auf die Gurkenscheiben legen.
- Die restlichen Zutaten – Essig, Öl, Zucker, Pfeffer und Salz – verrühren, über die Gurken geben und abgedeckt eine Weile marinieren.
- Die schwarzen Oliven in einer Schale anrichten.

Gefüllte Tortillas mit „Frischkäse“

Zutaten für 2–3 Personen:
2–3 Mais- oder Weizentortillas
½ Zwiebel
1 Knoblauchzehe

½ Tasse Sojaschnetzel
½ Tasse heiße Gemüsebrühe
1 EL Sojasauce
1 TL Zitronensaft

¼ rote Paprikaschote
2 EL Olivenöl
1 EL Tomatenmark
50 ml Gemüsebrühe
2 Tomaten
½ Dose Kidneybohnen
1–2 TL Sambal Oelek
1 EL Oregano
½ TL Kümmel
1 TL Koriandersamen
1 TL edelsüßes Paprikapulver
1 EL Sojasauce
½ TL Ahornsirup
1 TL Zitronensaft
Pfeffer aus der Mühle
Kräutersalz

Für den „Frischkäse“:
50 g Cashewkerne
(über Nacht eingeweicht)
1 Frühlingszwiebel
1 Knoblauchzehe
1 EL Hefeflocken
2 EL Zitronensaft
1 TL Olivenöl
50 ml Sojajoghurt
½ TL Salz
1–2 EL gehackte Kräuter
(z. B. Petersilie, Schnittlauch)

2–3 Salatblätter
½ Zwiebel

Gefüllte Tortillas mit „Frischkäse“

Zubereitung

- Die Gemüsebrühe, die Sojasauce und den Zitronensaft in einer kleinen Schüssel mischen und die Sojaschnetzel darin einweichen.
- Paprikaschote waschen, längs halbieren und vom Kerngehäuse befreien. Tomaten waschen, vom Stielansatz befreien und entkernen. Paprikaschoten und Tomaten in kleine Würfel schneiden.
- Die Kidneybohnen in ein Sieb schütten und mit klarem Wasser abspülen.
- Öl in einer beschichteten Pfanne erhitzen und die geschälte und klein gehackte halbe Zwiebel darin goldbraun anbraten.
- Das Tomatenmark dazugeben und bei hoher Hitze und ständigem rühren ebenso anbraten.
- Mit der Gemüsebrühe ablöschen und auf kleiner Flamme köcheln lassen.
- Die Paprika- und Tomatenwürfel zusammen mit dem geschälten und klein gehackten Knoblauch, den Kidneybohnen und den Sojaschnetzeln hinzufügen.
- Ebenso die restlichen Gewürzzutaten – Sambal Oelek, Kräuter, Kümmel, Koriandersamen, Paprikapulver, Sojasauce, Ahornsirup und Pfeffer – hinzufügen und 10 Minuten leicht köcheln lassen. Den Zitronensaft hinzufügen und mit Kräutersalz abschmecken.
- Für den „Frischkäse“ die abgegossenen Cashewkerne zusammen mit der geputzten und klein geschnittenen Frühlingszwiebel, dem geschälten und grob gehackten Knoblauch, den Hefeflocken, dem Zitronensaft, dem Öl und dem Sojajoghurt in die Küchenmaschine geben oder mit dem Passierstab fein pürieren. Mit Salz abschmecken und die Kräuter unterheben.
- Die Tortillas entweder in der Mikrowelle, in der Pfanne oder im Backofen 1 bis 2 Minuten erwärmen und dann mit den Zutaten füllen:
  Ein Salatblatt auf die Tortilla legen und mit „Frischkäse“ bestreichen. Darauf Bohnengemüse und ein paar Zwiebelringe verteilen und zusammenrollen.

„Kebab“

Zutaten für 2–3 Personen:
2–3 fertige türkische Fladenbrote

Für die Gemüsefüllung:
1 Stück Rotkraut (oder Weißkraut)
1 Zwiebel
1 Tomate
1 Karotte
1 Salatblatt

Für den „Frischkäse“:
1 Sojajoghurt
1 Frühlingszwiebel
1 Knoblauchzehe
1 EL Hefeflocken
1 EL Zitronensaft
1 TL Olivenöl
½ TL Kräutersalz
1–2 EL gehackte Kräuter
(z. B. Petersilie, Schnittlauch)

Für das „Fleisch“:
1 Tasse Sojaschnetzel grob
½ Tasse heiße Gemüsebrühe
1 EL Sojasauce
1 TL Zitronensaft
1 Messerspitze Kümmel
½ TL Majoran
1 TL Speisestärke
1 TL Paprikapulver
Pfeffer aus der Mühle
Kräutersalz
1 EL Olivenöl

Alternativ:
100 g Räuchertofu
1 Zwiebel
1 EL Olivenöl
1 TL Zitronensaft
1 EL Sojasauce

Chilipulver

„Kebab“

Zubereitung

- Für die Gemüsefüllung das Rotkraut feinnudelig schneiden.
- Die Zwiebel schälen, halbieren und in Scheiben schneiden.
- Die Tomate waschen, vom Stielansatz befreien und ebenfalls in Scheiben schneiden.
- Die Karotte schälen und mit dem Gemüseschäler dünne Streifen abhobeln.
- Das Salatblatt waschen, trocken tupfen und in Streifen schneiden.
- Für den „Frischkäse“ den Sojajoghurt zusammen mit der geputzten und klein geschnittenen Frühlingszwiebel, dem geschälten und grob gehackten Knoblauch, den Hefeflocken, dem Zitronensaft und dem Öl in die Küchenmaschine geben oder mit dem Passierstab pürieren. Mit Kräutersalz abschmecken und die Kräuter unterheben.
- Für das „Fleisch“ die Gemüsebrühe, die Sojasauce, den Zitronensaft, den Kümmel und den Majoran in einer kleinen Schüssel mischen und die Sojaschnetzel 10 Minuten darin einweichen.
- Das Öl in einer beschichteten Pfanne erhitzen, die Sojaschnetzel ausdrücken, mit Speisestärke, Paprikapulver, Pfeffer und Kräutersalz bestreuen und von allen Seiten kross anbraten.

  Alternativ: Den Räuchertofu in längliche Scheiben schneiden, zusammen mit der in Scheiben geschnittenen Zwiebel in Öl von beiden Seiten kross anbraten, mit dem Zitronensaft und der Sojasauce ablöschen und so lange braten, bis die Flüssigkeit verdunstet ist.

- Je nach Größe das Fladenbrot teilen und Taschen hineinschneiden.
- Für die Füllung mit etwas „Frischkäse“ beginnen, dann den Salat und die anderen Zutaten nach Wunsch einfüllen und genießen.

Pizza

Zutaten für 2–3 Personen:

Für den Teig:

300 g Mehl (Type 405)
½ Päckchen Trockenhefe
1 TL Salz
2 EL Olivenöl
125 ml lauwarmes Wasser

Für die Tomatensauce:

1 Zwiebel
2 Knoblauchzehen
2–3 EL Olivenöl
1 Dose geschälte, gehackte Tomaten
1 EL Oregano
1 TL Gemüsebrühpulver
½ TL Paprikapulver
½ TL Ahornsirup
1 TL Essig (oder 2 EL Rotwein)
Pfeffer aus der Mühle
Kräutersalz

50 g geriebener veganer Käse

Für den Belag z. B.

1 Zwiebel
2–3 Knoblauchzehen
1 Dose Artischockenherzen
5–8 Champignons
1 Tasse tiefgekühlter Spinat
½ Paprikaschote
ein paar schwarze Oliven ohne Kern
4–6 Walnusshälften

Kräutersalz
Oregano, Thymian oder Majoran

Pizza

Zubereitung

- <u>Für den Teig</u> das Mehl zusammen mit der Trockenhefe und dem Salz in einer Schüssel vermischen und das Öl und das Wasser hinzufügen.
- Zuerst mit einem Löffel die Zutaten grob vermischen und dann mit der Hand solange kneten, bis ein geschmeidiger Teig entstanden ist. Falls der Teig zu trocken ist, noch etwas Wasser hinzufügen.
- Den Teig zu einer Kugel formen und mit einem feuchten Tuch abgedeckt an einem warmen Ort mindestens 30 Minuten gehen lassen.
- Den Backofen auf 200 °C vorheizen.
- <u>Für die Tomatensauce und den Belag</u> die Zwiebeln und den Knoblauch schälen und grob hacken.
- Das Öl in einem Topf erhitzen und die Zwiebel- und die Knoblauchstücke darin goldbraun anbraten. Ungefähr die Hälfte der Zwiebel-Knoblauch-Mischung beiseitestellen.
- <u>Für die Tomatensauce</u> die Tomaten zu der im Topf verbliebenen Zwiebel-Knoblauch-Mischung hinzufügen und mit Gemüsebrühpulver, Paprikapulver, Ahornsirup, Essig, Pfeffer und Kräutersalz würzen und auf kleiner Flamme köcheln lassen.
- <u>Für den Belag</u> die Champignons in Scheiben schneiden.
- Die Paprikaschote waschen, längs halbieren, vom Kerngehäuse befreien und in Streifen schneiden.
- Den Spinat entweder in der Mikrowelle oder auf dem Herd kurz erhitzen und mit Kräutersalz bestreuen.
- Die Oliven und die Artischockenherzen abtropfen lassen.
- Die Walnusshälften grob hacken.
- Den Teig noch einmal kurz durchkneten und dann auf einer bemehlten Arbeitsfläche auf Backblechgröße ausrollen und auf ein mit Backpapier ausgelegtes Backblech legen.
- Die Tomatensauce gleichmäßig auf der Teigplatte verteilen. Dann den Spinat auf der Teigplatte verteilen und mit dem veganen Käse bestreuen.
- Die Pizza mit der Zwiebel-Knoblauch-Mischung und den restlichen Zutaten belegen und mit dem Kräutersalz und den Kräutern bestreuen.
- Zum Schluss ein paar Tropfen Öl über die Pizza träufeln.
- Im vorgeheizten Backofen 20 bis 30 Minuten goldbraun backen.

Badische Zwiebelewähe

Zutaten für 2–3 Personen:

Für den Teig:
300 g Mehl
1 Päckchen Trockenhefe
½ TL Salz
3 EL Olivenöl
180–200 ml Wasser

Für die „Speckwürfel":
50 ml heiße Gemüsebrühe
4 TL Rote-Bete-Saft
2 TL Flüssigrauch
2 TL Sojasauce
¼ TL Kümmel
1 TL Majoran
20 g feine Sojaschnetzel
2 EL Olivenöl

Für den Belag:
1 kg Zwiebeln
3–4 EL vegane Butter

Für den „Sauerrahm":
150 g Cashewkerne
(über Nacht eingeweicht)
150 ml Wasser
1 EL Hefeflocken
Saft von 1 Zitrone
2 EL Sojamehl
2 EL Wasser
1 TL Kümmel
1 Prise geriebene Muskatnuss
Pfeffer aus der Mühle
1 TL Salz

Badische Zwiebelewähe

Zubereitung

- Für den Teig das Mehl in eine Schüssel sieben und mit der Trockenhefe und dem Salz vermischen.
- Das Olivenöl und das Wasser hinzufügen und mit dem Knethaken des Handrührgeräts alles gut verkneten, bis sich der Teig vom Schüsselrand löst.
- Mit einem feuchten Tuch abgedeckt an einem warmen Ort 30 Minuten gehen lassen.
- Für die „Speckwürfel" in einer kleinen Schüssel alle Zutaten – Gemüsebrühe, Rote-Bete-Saft, Flüssigrauch, Sojasauce, Kümmel und Majoran – verrühren, die Sojaschnetzel hinzufügen und ca. 10 Minuten durchziehen lassen.
- 2 Esslöffel Öl in einer beschichteten Pfanne erhitzen und die „Speckwürfel" unter ständigem Rühren ein paar Minuten kross anbraten.
- Den Backofen auf 200 °C vorheizen.
- Für den Belag die Zwiebeln schälen, halbieren und in dünne Scheiben schneiden oder hobeln.
- Die vegane Butter in einem Topf erhitzen und die Zwiebeln darin 10 bis 15 Minuten goldgelb dünsten, bis sie weich sind.
- Die „Speckwürfel" dazugeben. Vom Herd nehmen und etwas abkühlen lassen.
- Für den „Sauerrahm" die abgegossenen Cashewkerne zusammen mit dem Wasser, den Hefeflocken und dem Zitronensaft in der Küchenmaschine fein pürieren.
- Das Sojamehl mit dem Wasser anrühren und hinzufügen.
- Kümmel, Muskatnuss, Pfeffer und Salz dazugeben und anschließend unter die Zwiebel-„Speck"-Mischung rühren.
- Den Teig auf einer bemehlten Arbeitsfläche ausrollen und auf ein mit Backpapier ausgelegtes Backblech legen.
- Den Zwiebelbelag auf der Teigplatte verteilen und glatt streichen, dabei rundum einen Rand lassen.
- Im vorgeheizten Backofen auf mittlerer Schiene 20 bis 30 Minuten goldbraun backen.

Focaccia mit Kräuter-Seitlingen

Zutaten für 2–3 Personen:
10 g getrocknete Waldpilze
500 g Mehl (Type 405)
1 Päckchen Trockenhefe
1 TL Salz
3 EL Olivenöl
300 ml lauwarmes Wasser
2 Zwiebeln
2 Kräuter-Seitlinge (oder andere Pilze)
8 Cocktailtomaten
2 Knoblauchzehen
Olivenöl zum Einpinseln
4 EL Thymianblättchen
5 EL Olivenöl
Pfeffer aus der Mühle
Salz
Kräutersalz

Focaccia mit Kräuter-Seitlingen

Zubereitung

- Die getrockneten Pilze in heißem Wasser ca. 20 Minuten einweichen, abgießen, ausdrücken und klein schneiden.
- Das Mehl in eine Schüssel geben und mit der Hefe und dem Salz mischen.
- Das Öl und das Wasser hinzufügen.
- Mit dem Knethaken der Küchenmaschine oder mit den Händen den Teig einige Minuten kneten.
- Zum Schluss die Pilze unterkneten. Den Teig zu einer Kugel formen und mit einem feuchten Tuch abgedeckt an einem warmen Ort ca. 1 Stunde gehen lassen.
- Die Hälfte der Thymianblättchen zusammen mit dem Öl mit dem Passierstab fein pürieren und mit Pfeffer und Salz abschmecken.
- Die Zwiebeln schälen, halbieren und in dünne Scheiben schneiden.
- Die Kräuter-Seitlinge ebenfalls der Länge nach in dünne Scheiben schneiden.
- Die Tomaten waschen, vom Stielansatz befreien und in Scheiben schneiden.
- Den Knoblauch schälen und grob hacken.
- Den Backofen auf Ober- und Unterhitze stellen und auf 250 °C vorheizen.
- Den Teig in zwei Teile schneiden und beide mit den Händen zu ca. 1 cm dicken Teigplatten formen. Beide Teigplatten auf ein mit Backpapier ausgelegtes Backblech legen.
- Den Teig mit Öl einstreichen und zuerst die Zwiebel- und Pilzscheiben auf den Teigplatten verteilen.
- Zwiebel- und Pilzscheiben mit Öl einpinseln, dann die Tomatenscheiben und den Knoblauch in die Lücken legen und mit einigen Thymianblättchen, Pfeffer und Kräutersalz bestreuen.
- Im vorgeheizten Backofen auf der untersten Schiene 12 bis 14 Minuten backen und mit den restlichen Thymianblättchen bestreut und mit dem Thymianöl beträufelt servieren.

„Gulasch" nach Szegediner Art

Zutaten für 2–3 Personen:
2 Zwiebeln
2 Knoblauchzehen
2 EL Öl
1 EL Tomatenmark
2 Karotten
2 Kartoffeln
2 EL edelsüßes Paprikapulver
125 ml Gemüsebrühe
1 EL Sojasauce
½ Packung passierte Tomaten
1 EL Zitronensaft
1 TL Kümmel
1 TL Majoran
250 g Sauerkraut
1 EL Olivenöl
100–200 g Räuchertofu
1 Bio-Zitrone
Pfeffer aus der Mühle
Salz
1 kleiner Becher Sojajoghurt

„Gulasch" nach Szegediner Art

Zubereitung

- Die Zwiebeln und den Knoblauch schälen und grob hacken.
- Die Karotten schälen und in mundgerechte Stücke schneiden.
- Die Kartoffeln schälen und würfeln.
- Öl in einer Pfanne erhitzen und die Zwiebelstücke darin anbraten, bis sie Farbe bekommen.
- Das Tomatenmark hinzufügen und kurz mitanrösten. Achtung, dass es nicht anbrennt.
- Die Karotten, die Kartoffeln und das Paprikapulver hinzufügen und mit der Gemüsebrühe, der Sojasauce und den passierten Tomaten ablöschen.
- Dann den Zitronensaft, den Kümmel, den Majoran und das Sauerkraut hinzufügen und unterrühren.
- Den Räuchertofu in Würfel schneiden und in heißem Öl von allen Seiten kross anbraten und zum Gemüse geben.
- Bei Bedarf noch etwas Gemüsebrühe hinzufügen und mit Pfeffer, Salz und Sojasauce herzhaft abschmecken.
- Zugedeckt auf kleiner Flamme ca. 25 Minuten leicht köcheln lassen.
- Am Ende der Kochzeit mit etwas geriebener Zitronenschale verfeinern.
- Den Szegediner Gulasch mit Petersilienkartoffeln servieren und mit einem Löffel Sojajoghurt verfeinern.

Lauchquiche

Zutaten für 2–3 Personen:

200 Mehl
90 g kalte vegane Butter
60 ml kaltes Wasser
Salz

50 g Räuchertofu
1 EL Sojasauce
1 TL Zitronensaft
½ TL Majoran
¼ TL Kümmel
1 EL vegane Butter

2 Stangen Lauch
2 Schalotten
1 Knoblauchzehe
50 ml Gemüsebrühe
2 EL Olivenöl

250 ml Sojasahne
2 EL Schnittlauchröllchen
½ TL gemahlene Kurkuma
½ TL Chilipulver
¼ TL geriebene Muskatnuss
3 EL Sojamehl
2 EL geriebene Mandeln
80 g geriebener veganer Käse
2 EL Hefeflocken
Pfeffer aus der Mühle
Salz
3 EL geriebener veganer Käse

Lauchquiche

Zubereitung

- Für den Teig das Mehl mit dem Salz vermischen und mit der veganen Butter und dem Wasser zu einem glatten Teig verkneten.
- Den Teig zu einer Kugel formen und in Frischhaltefolie gewickelt 1 bis 2 Stunden im Kühlschrank ruhen lassen.
- Den Räuchertofu in kleine Würfel schneiden und mit der Sojasauce und dem Zitronensaft beträufeln. Den Majoran und den Kümmel untermischen und durchziehen lassen.
- Den Lauch putzen, der Länge nach halbieren, waschen und in Scheiben schneiden.
- Die Schalotten und den Knoblauch schälen und fein hacken.
- Die vegane Butter in einer beschichteten Pfanne erhitzen die Tofuwürfel darin von allen Seiten kross anbraten und auf einem Teller beiseitestellen.
- Das Öl in der beschichteten Pfanne erhitzen und zuerst die Schalottenstücke darin goldbraun anbraten.
- Mit der Gemüsebrühe ablöschen, den Knoblauch und den Lauch hinzufügen und bei schwacher Hitze einige Minuten dünsten und dann beiseitestellen.
- Den Backofen auf 180 °C Umluft oder 200 °C Ober- und Unterhitze vorheizen.
- Die Sojasahne mit dem Schnittlauch, den Gewürzzutaten – Kurkuma, Chilipulver und Muskatnuss – vermischen, das Sojamehl und die geriebenen Mandeln unterrühren und mit Pfeffer und Salz abschmecken.
- Den Teig auf der bemehlten Arbeitsfläche zu einem Kreis ausrollen und in eine gefettete Kuchenform legen. Dabei einen ca. 1 bis 2 cm hohen Rand formen.
- 3 Esslöffel veganen Käse auf dem Teig verteilen.
- Die Tofuwürfel und den veganen Käse mit dem Lauchgemüse und der gewürzten Sojasahne vermischen und gleichmäßig auf dem Teigboden verteilen.
- Im vorgeheizten Backofen auf mittlerer Schiene in 20 bis 30 Minuten goldbraun backen.

Nasi Goreng mit „Rührei“

Zutaten für 2–3 Personen:

½ Tasse Sojaschnetzel grob
¼ Tasse Gemüsebrühe
¼ Tasse Kokosmilch
1 TL Zitronensaft

2 kleine Tassen Reis
2 EL Öl

½ Zwiebel
1 Knoblauchzehe
1 Stück Ingwer
(ca. 1,5 x 1,5 cm)
1 Chilischote
2 EL Olivenöl
2 EL Sojasauce

1 rote Paprikaschote
4 Austernpilze oder Champignons
2 Frühlingszwiebeln
1 Karotte
½–1 Dose Bambussprossen
¼ TL gemahlene Kurkuma
1 TL chinesisches Gewürz
oder Curry

<u>Für das „Rührei“:</u>
½ Zwiebel
2 EL vegane Butter
100 g Räuchertofu
2 TL gemahlene Kurkuma
1 EL Hefeflocken
1 TL Senf
3 EL Sojasahne
Pfeffer aus der Mühle
Salz

Nasi Goreng mit „Rührei“

Zubereitung

- Die Sojaschnetzel in der Gemüsebrühe und der Kokosmilch einmal kurz aufkochen und beiseitestellen.
- Die Zwiebel, den Knoblauch und den Ingwer schälen und fein hacken.
- Chili- und Paprikaschote waschen, längs halbieren, vom Kerngehäuse befreien und in feine Streifen schneiden.
- Die Pilze putzen und in Stücke schneiden.
- Die Frühlingszwiebeln putzen, waschen und in feine Ringe schneiden.
- Die Karotte schälen und in feine Stifte schneiden.
- Die Bambussprossen abtropfen lassen.
- Den Reis nach Packungsanweisung kochen.
- In einer beschichteten Pfanne das Olivenöl erhitzen und die Hälfte der Zwiebelstücke, den Knoblauch, den Ingwer und die Chilischote anbraten. Dann die Sojaschnetzel und die Sojasauce hinzufügen und kurz mitanbraten. Das übrige Gemüse – Paprika, Pilze, Frühlingszwiebeln, Karotte und Bambussprossen hinzufügen – und ein paar Minuten auf kleiner Flamme garen.
- Die übrigen Gewürzzutaten – Kurkuma und chinesisches Gewürz – hinzufügen und anschließend beiseitestellen.
- Für das „Rührei“ den Tofu mit einer Gabel zerdrücken, die vegane Butter in einer beschichteten Pfanne erhitzen und die restlichen Zwiebelstücke und den Tofu darin anbraten.
- Das Kurkumapulver, die Hefeflocken und den Senf mit der Sojasahne verrühren und hinzufügen.
- So lange braten, bis die Flüssigkeit verdunstet ist.
- Mit Pfeffer und Salz abschmecken und beiseitestellen.
- In einer beschichteten Pfanne 2 Esslöffel Öl erhitzen und den Reis unter ständigem Rühren darin anbraten.
- Das Gemüse mit den Sojaschnetzeln und dem „Rührei“ unter den Reis heben, kurz erwärmen und servieren.

TIPP: Sojasauce und Sambal Oelek zum individuellen Nachwürzen auf den Tisch stellen.

Mangoldcalzone

Zutaten für 2–3 Personen:

400 g Weizenmehl (Type 405)
1 Päckchen Trockenhefe
200 ml lauwarmes Wasser
2 EL Olivenöl
1 TL Salz

Zum Bestreichen:
1 EL Olivenöl
1 EL Sojasahne
1 EL Wasser

300 g Mangold
2 EL Olivenöl
125 ml Gemüsebrühe
1 Zwiebel
2 Knoblauchzehen
1 Tomate
5–7 Walnusshälften
2 EL Olivenöl
80 g Räuchertofu
1 TL Zitronensaft
2 EL Sojasauce
5 EL Sojasahne
2 EL Hefeflocken

Mangoldcalzone

Zubereitung

- Alle Zutaten für den Teig in eine Schüssel geben und zuerst mit einem Löffel verrühren.
- Anschließend von Hand einen geschmeidigen Teig kneten, zu einer Kugel formen und mit einem feuchten Tuch abgedeckt an einem warmen Ort 30 Minuten gehen lassen.
- Den Backofen auf 200 °C vorheizen.
- Den Mangold waschen, den Stiel großzügig wegschneiden und die Blätter feinnudelig schneiden.
- Die Zwiebeln und den Knoblauch schälen, halbieren und in Scheiben schneiden.
- Die Tomate waschen, vom Stielansatz befreien und würfeln.
- Die Walnusshälften grob hacken.
- Den Räuchertofu in kleine Würfel schneiden.
- In einem Topf das Öl erhitzen, den Mangold hinzufügen und kurz anbraten.
- Mit der Gemüsebrühe ablöschen, den Knoblauch hinzufügen und ca. 10 Minuten auf kleiner Flamme köcheln lassen.
- In einer beschichteten Pfanne das Öl erhitzen und die Zwiebelscheiben darin von beiden Seiten goldbraun anbraten. Tofuwürfel und die Walnüsse hinzufügen und mitanbraten.
- Dann die Sojasauce hinzufügen und so lange köcheln lassen, bis die Flüssigkeit verdunstet ist.
- Den Mangold in ein Sieb geben und die Restflüssigkeit ausdrücken.
- Alle Zutaten – Mangold, Tomaten, Walnüsse und Räuchertofu – untermischen.
- Zum Schluss die Sojasahne und die Hefeflocken hinzufügen.
- Aus dem Teig drei bis vier nicht zu dünne Kreise ausrollen und eine halbe Seite mit der Füllung belegen, dabei rundum einen Rand lassen.
- Die Ränder mit Wasser bepinseln und die Teigkreise zusammenfalten.
- Mit einer Gabel die Ränder fest zusammendrücken.
- Zum Bestreichen Öl, Sojasahne und Wasser verrühren und die Calzone damit einpinseln.
- Im vorgeheizten Backofen 20 bis 30 Minuten goldbraun backen.

Französisches Fladenbrot

Zutaten für 2–3 Personen:
100 g Weizenmehl (Type 405)
70 g Dinkelvollkornmehl (Type 1050)
½ Päckchen Trockenhefe
1 TL Olivenöl
10–12 schwarze Oliven ohne Kern
5 Walnusshälften
(oder 2 getrocknete Tomatenstücke)
½ TL grob zerstoßener Rosmarin
½–1 TL Salz
90–100 ml warmes Wasser

Französisches Fladenbrot

Zubereitung

- Das Weizen- und das Dinkelvollkornmehl mit der Trockenhefe vermischen.
- Die Oliven in Scheiben schneiden.
- Die Walnusskerne grob hacken.
- Alle Zutaten – Oliven, Walnüsse, Rosmarin, Salz und Wasser – zum Mehl hinzufügen.
- Mit dem Knethaken der Küchenmaschine oder des Handrührgeräts einige Minuten kneten und mit den Händen noch einmal durchkneten.
- Mit einem feuchten Tuch abgedeckt an einem warmen Ort eine Stunde gehen lassen.
- Den Teig zu einem ca. 1 cm dicken Fladen ausrollen und die Oberfläche mit einem Messer einige Male einritzen.
- Mit einem feuchten Tuch oder mit Frischhaltefolie abgedeckt weitere 30 Minuten gehen lassen.
- Den Backofen auf 200 °C vorheizen.
- Das Fladenbrot mit Olivenöl bestreichen und im vorgeheizten Backofen 20 Minuten goldbraun backen.

„Hamburger“

Zutaten für 2–3 Personen:

100 Grünkernschrot
200 ml Gemüsebrühe
1 Zwiebel
½ Karotte
2 getrocknete Tomatenstücke
1 EL Haferflocken
1 EL Vollkornsemmelbrösel
1 EL Sojasauce
1 EL Tomatenmark
1 TL Paprikapulver
1 EL Majoran
½ TL gemahlener Kümmel
1 TL gemahlener Koriander
1 TL Hefeflocken
1 TL Senf
1 EL Sojamehl
Pfeffer aus der Mühle
Kräutersalz
Kokosfett (oder Olivenöl)

5–6 Brötchen
5–6 Salatblätter
1 Zwiebel
1–2 Tomaten
Tomatenketchup oder vegane Mayonnaise

„Hamburger“

Zubereitung

- Die Gemüsebrühe in einem Topf zum Kochen bringen und den Grünkernschrot mit dem Schneebesen einrühren. Vom Herd nehmen und ausquellen lassen.
- Die Zwiebel schälen und fein hacken.
- Die Karotte fein raspeln.
- Die getrockneten Tomaten in kleine Würfel schneiden und alles in eine Schüssel geben.
- Mit den restlichen Zutaten – Haferflocken, Vollkornsemmelbrösel, Sojasauce, Tomatenmark, Paprikapulver, Majoran, Kümmel, Koriander, Hefeflocken, Senf und Sojamehl – vermischen.
- Den abgekühlten Grünkernschrot hinzufügen und mit den Händen durchkneten.
- Mit Pfeffer und Kräutersalz kräftig abschmecken.
- Mit angefeuchteten Händen Bratlinge formen.
- In einer beschichteten Pfanne das Kokosfett erhitzen und die „Frikadellen“ von beiden Seiten goldbraun und knusprig braten.
- Die Zwiebel schälen und in Scheiben schneiden. Die Tomaten waschen, vom Stielansatz befreien und in Scheiben schneiden.
- Die Brötchen aufschneiden. Jedes Brötchen mit einem Salatblatt, Tomatenscheiben, einer „Frikadelle“ und Zwiebelscheiben belegen.
- Zum Schluss Tomatenketchup oder vegane Mayonnaise darauf verteilen.

Gewürze und Kräuter

Diese Gewürze und Kräuter werden
in den Rezepten von ab und zu vegan-4-you verwendet:

- Bohnenkraut
- Chilipulver
- Chinesische Gewürzmischung
- Curry
- Fenchelsamen
- Garam Masala
- Italienische Kräuter
- Knoblauchgranulat
- Koriander
- Koriandersamen
- Kräuter der Provence
- Kräutersalz
- Kreuzkümmel
- Kümmel
- Kurkuma
- Lorbeerblätter
- Majoran
- Muskatnuss
- Oregano
- Paprikapulver, edelsüß
- Pfeffer
- Piment
- Safran
- Thymian
- Wacholderbeeren
- Zimt

VRÖSCHE
VERLAG

DANKE allen, die mich bei diesem Projekt unterstützt haben.
Was wären wir ohne unsere Familie und unsere Freunde?!
Danke Mutter, Ralf, Dominik, Walter, Sylvia, Peter, Melanie, Uli, Gabi, Ursula, Hans-Peter, Andi, Irène, Iris und „Frau Lillie" (meine Katze) für Eure Unterstützung – nicht nur bei diesem Projekt. Danke dem Küchenmeister Ralf Hiener für seine Bereitschaft, in die vegane Thematik einzutauchen, und für seine wertvollen Hinweise. Danke Prof. Dr. Michaela Döll für die Beantwortung meiner Fragen zur Mikronährstoffversorgung. Danke der Lektorin Stefanie Busam Golay für ihre tolle Arbeit. Danke dem Texter Zslot Pekker für seine stilistische Beratung. Mein Dank gilt auch allen Vorreitern der veganen Ernährungsweise, die den Weg geebnet haben und in deren Fußstapfen tretend ich diese Ernährungsart weiterverfolgen darf.

Webseite von Frau Prof. Dr. Döll (Bücher und weitere Informationen): http://Prof.DrmDoell.de
Kontaktdaten: Vegane Nahrungsergänzungsmittel für gesundheitliche Beschwerden
JUVENTA Healthcare e.K. • Eichstr. 22 • 67098 Bad Dürkheim • www.juventahealthcare.com
email: juventahealthcare.com • Telefon (aus Deutschland kostenlos) 0800 1010972

Auf **www.vegan-4-you.com** gibt es einen Shop mit einer Auswahl veganer Lebensmittel, die in den Rezepten verwendet werden.

Über die Autorin

Aus- und Weiterbildungen
Ehrenamtliche Tätigkeiten
Gelernte Schriftsetzerin und Fotografin
1995/96: Ausbildung in „Tiefenpsychologischer Gesprächsführung nach Carl Rogers"
1996–2013: Anonyme TelefonSeelsorge (monatliche Supervisionen)
2000: Heilpraktikerprüfung (Heilpraktiker- und Naturarztschule Verimeer in Schopfheim)

Tätigkeiten als Dozentin und Trainerin
2001/02: Heilpraktiker- und Naturarztschule Verimeer in Schopfheim
2010–2012: Kotrainerin in der Ausbildungsgruppe der neuen Mitarbeiter für den Dienst bei der TelefonSeelsorge

Ausbildung in „Transaktionsanalyse"
2010: Institut der kleinen Schritte, Peter Bremicker in Lörrach
2011–heute: Dr. Anne Kohlhaas-Reith, Waldkirch
2013: Erwerb der „Praxiskompetenz Transaktionsanalyse"

Hauptberufliche Tätigkeiten
Marketing und Vertrieb in mittelständischen Unternehmen
Praxis für Psychotherapie und Coaching
(www.psychotherapie-coaching-praxis.de)

Lieblingsbeschäftigung
Veganes Kochen

Index

ab und zu
vegan-4-you
Und wie geht es den Tieren?
Auf www.vegan-4-you.com finden Sie Informationen über die Massentierhaltung.
VRÖSCHE VERLAG